Kompromisslos
Persönlich

7 Wege zum Erfolg

Impressum
© 2020 JoeBo Verlag Menschen & Wirtschaft
Im Bärle 20, 69469 Weinheim
www.joebo-verlag.de
Alle Rechte bleiben dem Verlag vorbehalten.
Satz und Umschlaggestaltung: JoeBo Verlag Menschen & Wirtschaft
Jeder Autor ist für den Inhalt des eigenen Textes verantwortlich!
Druck: tredition GmbH, Hamburg

ISBN
Paperback: 978-3-96748-008-5
Hardcover: 978-3-96748-009-2

Inhaltsverzeichnis

Smartes Business

Sabine Votteler

Profil – Sabine Votteler

Sabine Votteler hat sich darauf spezialisiert, für Führungskräfte und selbstständige UnternehmerInnen, die aus der Zeit-gegen-Geld-Falle aussteigen wollen, smarte Experten-Businessmodelle aufzubauen und im Markt zu positionieren – auf der Basis ihrer vorhandenen Expertise und Erfahrung.

In ihre Arbeit bringt sie ihr umfangreiches Knowhow ein, ihre Expertise als Marketing-Direktorin in verschiedenen Unternehmen, aus dem Aufbau mehrerer erfolgreicher Firmen und dem eigenen Ausstieg aus dem Angestelltendasein ins Unternehmertum.

Sabine Votteler hält Vorträge über die Themen Positionierung, Digitalisierung und Skalierung.

Sie ist zu erreichen unter https://sabinevotteler.com

Einführung

An jenem Freitag im April war ich wie an jedem anderen Morgen ins Büro gefahren. Wie jeden Tag standen die üblichen Meetings auf der Agenda und warteten Aufgaben und Projekte auf mich mit zu wenig Handlungsspielraum, als dass sie mich hätten zufriedenstellen können. Und wie an so vielen Tagen in der letzten Zeit erschien es mir wie Zeitverschwendung, meinen Tag in diesem Job zu verbringen. Ich ermahnte mich selbst zu Disziplin und einer positiven Einstellung. Doch es ging mir nicht gut. Der einzige Lichtblick war das Wochenende. So weit war es schon gekommen.

Seit wann ging das eigentlich schon so? Monate? Oder gar Jahre? Dabei hatte ich erst wenige Monate zuvor diese Position in der neuen Firma angetreten und war schon wieder im gleichen Hamsterrad gelandet. Am liebsten hätte ich alles hingeworfen ...

Am frühen Nachmittag verließ ich schließlich das Gebäude. Damit ließ ich auch diesen Job ein für alle Mal hinter mir. Es ging nicht mehr. An jenem Vormittag war mir klar geworden, wie sinnlos es war, weiter zu hoffen, dass alles besser werden würde, wenn ich mich nur genug anstrengen und nur lange genug durchhalten würde. Ich hatte geglaubt, ich könnte dort Großes bewegen, hatte versucht, Strukturen zu verändern und mit schnellen Ergebnissen zu punkten. Doch ich war kläglich gescheitert und musste resigniert feststellen, dass ich gegen Mauern anrannte, die am Ende mich zu Fall gebracht hatten. Ich konnte gefühlt nichts bewegen, und neben meiner Unzufriedenheit mit meiner eigenen Leistung stellte sich Langeweile ein, denn was an Handlungsspielraum und Einflussmöglichkeiten übrig blieb, war viel zu wenig.

Ich ging jedoch nicht erhobenen Hauptes, sondern zutiefst enttäuscht von mir selbst. In meinen Augen hatte ich es nicht geschafft. Hatte meine eigenen Erwartungen und die des Unternehmens nicht erfüllt.

Jetzt hatte ich also das Gegenteil erlebt von dem, was im vorherigen Job an der Tagesordnung war: endlose Stunden im Büro, pausenlose Meetings, ein überquellendes E-Mail-Postfach, das erst in den Abendstunden bearbeitet werden konnte, jederzeitige Erreichbarkeit, immer den Blick auf die neuesten Nachrichten, damit ich auch ja sofort reagieren konnte, Druck von oben, weil die Ziele nicht erreicht wurden, Politik und Machtspiele, …

Was war los? Lag es an mir? War ich Corporate-untauglich geworden?

Aber nein! Würde man mich schalten und walten lassen, dann war mir nichts zu viel. Solange ich einen Impact haben und wirksam sein konnte und meine Arbeit messbare Früchte trug, lieferte sie mir gar unerschöpfliche Energie. Das wusste ich, hatte ich es doch in der Vergangenheit viele Male bewiesen.

Solange ich die Freiheit hatte, das zu tun, was ich für richtig hielt, und mich voll einzubringen, indem ich Prozesse, Strukturen, Teams aufbauen und formen konnte, blühte ich auf.

Ich dachte an diesem Freitag mit keinem Gedanken daran, mich selbstständig zu machen. Doch genau das passierte. Als Zufall empfand ich es damals. Aus heutiger Perspektive war es eine logische Konsequenz.

Getrieben wurde ich von meiner extremen Ergebnisorientierung. Ich konnte nicht stillstehen und „nichts" tun (worunter alles fiel, was kein Geld einbrachte), bis der nächste Job gefunden war. Daher fing ich an, als Freelancerin Unternehmen zu beraten. Das lief gut. Ich wurde gebraucht und wertgeschätzt. Ich konnte zielorientiert dort helfen, wo meine Expertise wirklich gefragt war und man sie schätzte. Und ich erlebte eine nie gekannte, grandiose Freiheit und Flexibilität in dem, wie und wann ich etwas tat. Es war großartig!

Und es kam, wie es kommen musste – oder sogar noch besser. Die Headhunter waren nicht untätig, und eines Tages wurde mir der Traumjob auf dem Silbertablett vor die Nase gehalten: eine CEO-Position in der Schweiz, die mir auf den Leib geschneidert schien.

Noch nie zuvor in meiner Karriere hatte ich ein derart passendes Angebot erhalten.

Doch meine Perspektive hatte sich in der Zwischenzeit

verändert. Ich hatte festgestellt, wie es sich anfühlte, für sich selbst zu arbeiten. Die Versuchung war trotzdem riesig. Ich hätte es mir gern noch mal bewiesen, dass ich im Corporate-Umfeld Ergebnisse erzielen konnte, und der finanzielle Aspekt war natürlich auch nicht zu verachten.

Mit leicht mulmigem Gefühl entschied ich mich gegen die Stelle und für die Selbstständigkeit und die Freiheit.

Zunächst blieb ich beim Modus Operandi, war Beraterin, Interim Managerin, Freelancerin. Und kam nach zwei Jahren erneut an meine Grenzen. Es schien, als würde ich vom Hamsterrad regelrecht verfolgt. Ich steckte schon wieder drin.

Ich tauschte meine Zeit gegen Geld und das, obwohl mich doch gerade die Freiheit so an der Selbstständigkeit gereizt hatte. War ich denn jetzt tatsächlich so viel besser gestellt als in einer Anstellung? Ich war in gewisser Weise meinen Auftraggebern gegenüber weisungsgebunden und trug dabei das volle finanzielle Risiko.

Während ich in Projekte eingebunden war, blieb kaum Zeit, um an der Entwicklung meines Geschäfts zu arbeiten, und wenn ein Auftrag zum Ende kam, musste ich mühsam den nächsten akquirieren. Dabei kamen die meisten Kunden aus meinem Netzwerk. Das war für den Start perfekt, doch konnte ich davon vermutlich nicht die nächsten Jahre zehren.

Dieses Geschäftsmodell gefiel mir auf Dauer nicht. Ich wollte meine Zeit bewusster einteilen. Ich wollte mehr Freiheit. Ich wollte endlich selbstbestimmt sein und nicht meine Kunden bestimmen lassen, wann ich wo was zu tun hatte. Ich wollte das Geschäft zumindest in Teilen von meiner persönlichen Zeit entkoppeln.

Aus der Freelancer-Beratung musste ein Beratungsbusiness werden. Ich brauchte ein System. Mit dieser Entscheidung legte ich den Grundstein meines heutigen Erfolgs, und in den nächsten Jahren gewann ich auf dem Weg zu einem „smarteren" Business zahlreiche Einsichten, die ich auf den nächsten Seiten mit Ihnen teile.

Das smarte Business

Dieses Kapitel handelt von den Möglichkeiten, ein Business beziehungsweise einzelne Einheiten in einem Business „smarter" zu betreiben. Was das im Einzelnen heißt, kläre ich später. Es zeigt sowohl Wege auf, „smart" zu gründen, als auch ein existierendes Geschäft umzuwandeln. Es soll Managern, Geschäftsführern und Gründern neue Perspektiven vermitteln, wie sie den Wandel der Märkte, der Kundenerwartungen und der Technologie auch im Kleinen für sich nutzen können, um ihr Business leichter zu betreiben. Es soll Inspiration für all diejenigen liefern, die über den Tellerrand hinausschauen und ihren Blick weiten wollen, und Ansätze für jene, die verstehen wollen, wie ihr Business mit weniger Aufwand funktionieren kann.

Dieses Kapitel ist für all diejenigen, die genug davon haben, im täglichen Hamsterrad auf der Stelle zu rennen, so wie ich damals, und die sich mehr Freiheit wünschen.

Für diejenigen, die sich auf der Basis ihrer Expertise selbstständig machen wollen, und für jene, die einfacher und leichter mehr Kunden für ihr Beratungs- oder Dienstleistungsunternehmen gewinnen und sich dabei mehr persönlichen Freiraum verschaffen wollen.

Und für diejenigen, die ihre Expertise in ihrem bereits bestehenden Business gewinnbringend einsetzen möchten. Die das Gefühl haben, sich besser positionieren zu müssen, und mehr Kunden gewinnen wollen.

In meiner Betrachtung werde ich über Beratungsunternehmen sprechen, verstehe allerdings unter Beratung im weiteren Sinn nicht nur den klassischen Consultant, sondern auch jeden anderen Dienstleister, der Kunden mit seinem Wissen weiterhilft. Das können auch Coaches, Trainer, Anwälte, Steuerberater, Werbeagenturen, IT-Dienstleister etc. sein.

Neben den Solopreneuren haben wir in dem betrachteten Markt die Beratungsfirmen, die Agenturen und die Dienstleister, die Angestellte haben. Entscheidend für den Erfolg des Businessmodells ist hier immer, wie viele der geleisteten

Arbeitsstunden abrechenbar sind. Je größer die Organisation, desto kritischer ist es, denn umso mehr „not billable" Mitarbeiter müssen mitgetragen werden.

Im Wettbewerb um Kunden und Aufträge sind in diesem Umfeld Pitches beziehungsweise Angebotseingaben üblich. Das bedeutet, Sie treten immer gegen einen oder mehrere Mitbewerber an, und dann entscheidet am Ende der Preis darüber, wer den Zuschlag erhält, wenn Sie sich nicht zuvor schon dem Preiswettbewerb entzogen haben.

Gerade in der Dienstleistung und Beratung ist die Differenzierung ähnlicher Leistungen schwierig, und aus diesem Grund ist ein Dienstleistungs- oder Beratungsbusiness von einer Positionierung als Experte untrennbar. Es ist einfach ein Must.

Ob Gründer oder etabliertes Unternehmen, klein oder groß – wenn Sie sich nicht vom Wettbewerb differenzieren und Ihren Kunden damit einen Mehrwert bieten, haben Sie verloren. Denn der billigste Anbieter zu sein, ist in meinen Augen keine Option.

Was ist ein Expertenbusiness?

Zunächst einmal möchte ich den Begriff „Experte" definieren und folge dabei Wikipedia. Demnach ist ein Experte eine Person, die über überdurchschnittlich umfangreiches Wissen auf einem Fachgebiet [...] oder über spezielle Fähigkeiten verfügt. Neben dem theoretischen Wissen kann dessen kompetente Anwendung [...] für einen Experten kennzeichnend sein.

Ich möchte hier nach Russel Brunson zwei Arten von Expertenbusiness unterscheiden.

1. Expertenbusiness für Gründer – Expertise verkaufen
Viele starten ein Business auf Basis ihrer Expertise. Dabei ist das in der Regel nicht nur etwas, das sie gut können, sondern vielmehr etwas, wofür sie eine Leidenschaft mitbringen. Dies führt dazu, dass sie in gewisser Weise besessen davon sind, stets mehr auf ihrem Gebiet zu lernen und es anzuwenden. Sie lesen Bücher, hören Podcasts, informieren sich. In der Folge werden sie selbst immer besser darin und können letzten Endes anderen ihr Wissen ebenfalls vermitteln. Dabei lernen sie weiter, denn sie müssen genauestens verstehen, warum etwas funktioniert, um es erklären zu können.

2. Expertenbusiness als Upgrade – mit Expertise mehr verkaufen
Das Expertenbusiness lässt sich jedoch auch wunderbar anwenden, um ein existierendes Business aufzuwerten. Dabei können Sie auf verschiedene Arten vorgehen:
1. Experten-Positionierung macht andere – auch preiswertere Optionen der Mitbewerber für den Kunden uninteressant.
2. Experten-Knowhow für die Kundenakquise Ihres Kerngeschäfts, zur Leadgenerierung mithilfe von interessantem kostenlosem Content oder sogar als Einstiegsprodukt für Ihre Neukundengewinnung, das auf natürliche Weise zu Ihrem Hauptprodukt führt beziehungsweise im Idealfall klar macht, warum Ihr Kunde Ihr Hauptprodukt braucht.

3. Experten-Knowhow kann einen zusätzlichen Umsatz-
strom generieren, indem Sie kostenpflichtige Beratung mit
anbieten.Ein Expertenbusiness ist ein Knowledge-Business.
Es ist aus mehreren Gründen ein idealer Startpunkt für
Gründer, insbesondere für Menschen mit Erfahrung auf einem bestimmten Gebiet. Aber auch für etablierte Unternehmen vielfältiger Art kann dieses Modell eine hochprofitable
Ergänzung sein, die den Unternehmer seiner persönlichen
Freiheit näherbringt.

Vorteile für Gründer

Ein Expertenbusiness ist das ideale Businessmodell für Gründer:
• Sie bieten eine Leistung auf der Basis Ihrer persönlichen
Expertise und Erfahrung an. Sie tun genau das, was Sie kön-
nen, und brauchen dazu nur sich selbst.
• Das Investment ist vor allem in lehrenden und beratenden
Berufen sehr niedrig. Meistens reichen der vorhandene PC
und Ihre Kontakte für den Start.
• Sie haben eine sehr kurze Time-to-Market, das heißt, der
Vorlauf ist kurz und das Risiko damit gering.
• Sie können das Business nebenberuflich starten.
• Ihre ersten Aufträge können Sie in der Regel aus Ihrem
Netzwerk akquirieren.
• Sie agieren in einem wachsenden Markt. Berater und Ex-
perten sind gefragt wie nie zuvor. Unternehmen wollen in
zunehmendem Maße flexible Unterstützung von Experten
für spezifische Themen, und der demografische Wandel
führt zum Fachkräftemangel.

Die Herausforderung ist, als kleiner Marktteilnehmer mit be-
grenztem Budget in seiner Nische bekannt zu werden, sich
durchzusetzen, adäquate Preise zu erzielen und ausreichend
Kunden zu gewinnen.

Die Vorteile der Experten-Positionierung für junge und etablierte Unternehmen

Vorausgesetzt, Sie entwickeln sich zu dem Go-to-Experten Ihrer Nische schlechthin, dann profitieren Sie von vielen Vorteilen.

• Alleinstellung im Markt und dadurch kein Wettbewerb: Es wird nach wie vor andere Anbieter geben, doch sie spielen für Ihre Idealkunden keine Rolle mehr, denn Sie genießen eine Alleinstellung, während alle anderen Vergleichskriterien an Bedeutung verlieren. Sie verkaufen Ihre Leistung über den Mehrwert, den Sie bieten, und nicht mehr über den Preis.

• Sie ziehen die richtigen Kunden an:
Indem Sie Ihre Geschichte in die Experten-Positionierung mit einbeziehen, werden Sie für eine ganz spezifische Zielgruppe besonders attraktiv und zwar für genau jene, die Sie am besten unterstützen können und die am besten zu Ihnen passt.

• Schluss mit Kaltakquise:
Als Experte sind Sie ein begehrter Kooperations- und ein gefragter Interviewpartner für Medien, Gast in Talkshows oder Speaker auf Veranstaltungen. So steigern Sie Ihre Sichtbarkeit und werden als Geheimtipp weiterempfohlen.

• Lukrative Preise und höhere Margen:
Ihre Bekanntheit führt zu einem höheren wahrgenommenen Wert und Ihre Spezialisierung zu weniger Aufwand Ihrerseits. In der Konsequenz können Sie Ihre Preise entsprechend des Wertes erhöhen und gleichzeitig Ihre Kosten senken.

Durchschnittliches Stundenhonorar nach Experten-Level**

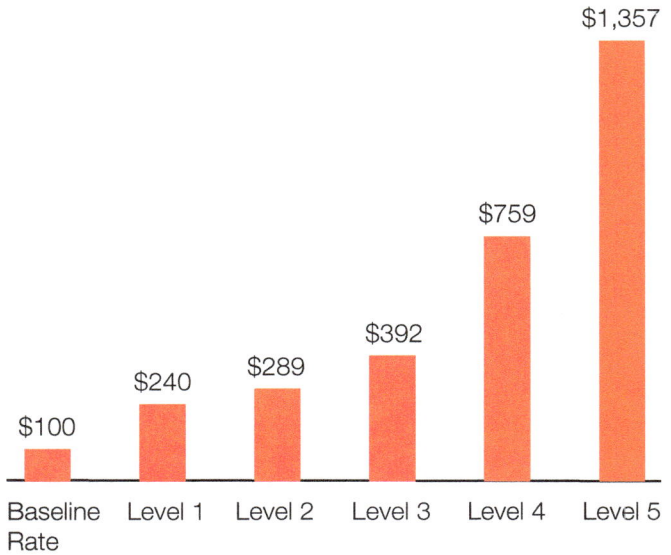

** Level Legende
(Level 5 erzielt > 10x höhere Stundensätze)
Level 1: Experte im Unternehmen (in der Firma sehr bekannt, außerhalb nicht)
Level 2: Lokaler Hero (bekannt auf dem lokalen Markt)
Level 3: Rising Star (wird allmählich außerhalb des lokalen Umfelds bekannt)
Level 4: Branchen-Star (sehr bekannt in seiner Branche und in unterschiedlichen Märkten)
Level 5: Global Superstar (weltweit bekannt, der Name wird zum Synonym seiner tiefen Expertise)
Quelle: Hinge Research Institute 2018

Worin sind Sie Experte?

Die größte Herausforderung ist die Antwort auf die Frage: Experte worin? Auf welchem Fachgebiet verfügen Sie oder Ihr Unternehmen über überdurchschnittlich umfangreiches Wissen oder über spezielle Fähigkeiten?

Die größte Hürde, vor der Sie dabei wahrscheinlich stehen werden, ist eine sehr persönliche: sich selbst als Experten beziehungsweise Expertin darzustellen. Damit sind Sie nicht allein. Und ganz ehrlich: Auch ich kämpfe immer mal wieder mit diesen Gefühlen der Unzulänglichkeit. Was kann ich besser als andere? Worin unterscheidet sich mein Unternehmen tatsächlich?

Viele Gründer hindert die innere Stimme daran, sich aufzumachen in die Selbstständigkeit. Andere bleiben an Allgemeinplätzen hängen, wenn sie versuchen, ihr Alleinstellungsmerkmal zu definieren: „Besonders gute Qualität" und „starke Kundenorientierung" – aber sagt das denn nicht jeder?

Das ist aus mehreren Gründen tragisch. Zum einen beraubt es Sie der Möglichkeiten, die Sie tatsächlich haben. Es hält Sie davon ab, Ihr volles Potenzial zu leben und die entsprechende Erfüllung zu erfahren beziehungsweise Ihr volles Umsatzpotenzial auszuschöpfen. Und zum anderen enthält es den Menschen und Organisationen die Hilfe vor, die ihr Leben verändern könnte. Ihre Qualitäten und Fähigkeiten, zu denen diese Menschen so nie Zugang bekommen.

Sie haben demnach nicht nur die Fähigkeit, Sie haben vielmehr die Verantwortung, Ihr Know-how zu teilen, es erkennbar zu machen und damit anderen zu dienen. Wenn Sie für sich selbst eine Herausforderung gemeistert und einen Weg gefunden haben, dann werden Sie zu einem wahrhaft vertrauenswürdigen Berater.

Alles beginnt also bei Ihnen, bei Ihrer eigenen Geschichte, bei Ihrer eigenen Entwicklung, und führt im weiteren Verlauf dazu, dass Sie damit einen Beitrag leisten.

Der blinde Fleck und zwei weitere Missverständnisse

Das Problem für die meisten ist, dass das, was wir gut können, für uns ganz natürlich und selbstverständlich ist und wir es leicht übersehen. Es erscheint uns einfach nicht erwähnenswert oder gar spektakulär. An dieser Stelle haben wir einen blinden Fleck.

Ich würde zum Beispiel sagen, dass ich sehr gut darin bin, schnell zu erkennen, wo eine Idee oder ein Konzept wie zum Beispiel ein Business nicht aufgeht. Ich kann sehr schnell analysieren, ob eine Businessidee tragfähig ist, ob das Angebot zum Bedarf passt etc. Das ist für mich wie ein Spiel und total logisch. Ich kann es einfach sehen.

Ich bin mit diesem Talent nicht geboren worden. Ich habe jahrzehntelang mit Unternehmen und entsprechenden Ideen zu tun gehabt, habe selbst Hunderte von Konzepten und Projekten entwickelt und umgesetzt. Und daraus gelernt. Ich verstehe oft nicht, warum Menschen ein Business starten oder Dinge in ihrem Business tun, die für mich so klar unsinnig sind.

Das ist ein Talent. Ich verdanke es jedoch nicht etwa meiner Genialität, sondern vielmehr dem Umstand, dass ich mich über eine sehr lange Zeit mit dem Thema beschäftigt habe und nun über die nötige Expertise verfüge.

Bei der Definition Ihrer Expertise sollten Sie sich auch von zwei weiteren verbreiteten Missverständnissen nicht daran hindern lassen, Ihre Einzigartigkeit zu finden.

1. Setzen Sie den richtigen Bezugsrahmen.
Experte ist nicht gleichzusetzen mit „Weltbester". Laut Definition verfügt ein Experte „nur" über überdurchschnittliches Wissen beziehungsweise spezielle Fähigkeiten. Stellt sich im Weiteren die Frage nach dem Durchschnitt. Hier kommt Ihre Zielgruppe ins Spiel. Sie sollte die Referenz sein. Das heißt, dass der Level von Expertise enorm abhängt von der Gruppe jener, denen Sie helfen.

Für eine Zielgruppe von Anfängern braucht es demnach keinen Weltstar. Im Gegenteil: In meiner Wahrnehmung fällt es Anfängern viel leichter, jemandem zu vertrauen, der in seiner Entwicklung noch keine Lichtjahre voraus ist und deshalb die eigene Situation besser nachvollziehen kann.

Das heißt für Ihr Business: Definieren Sie klar Ihre Zielgruppe.

2. Nehmen Sie Ihre Geschichte als Verstärker.

Ihre Expertise ist nicht nur die Summe Ihres Knowhows, sondern das Ergebnis Ihrer Erfahrungen. Und meist sind es die weniger erfreulichen Erlebnisse, die Herausforderungen, an denen wir wachsen und die uns neue Wege und Strategien entwickeln lassen. Genau hieraus entstehen auch besondere Einsichten in Situationen und Themen, die andere in dieser Form nicht haben.

Ihre Geschichte ist einzigartig, und genau sie ist es, die Ihnen nebst all dem Fachwissen den Zugang zu Ihrer Zielgruppe verschafft, über Ihre Empathie und das Vertrauen, das Sie damit aufbauen können.

Die Chancen eines Expertenbusiness in der heutigen Zeit

Berater und Experten sind gefragt wie nie zuvor. Es gibt immer mehr Freiberufler, die auf eigene Rechnung projektbezogen arbeiten.

Ein Wertewandel sorgt dafür, dass flexible Arbeitszeitmodelle immer mehr akzeptiert werden und Work-Life nicht nur ausbalanciert, sondern mittlerweile sogar „blended" sein soll. Es ist anerkannt, dass es auch ein Leben außerhalb des Jobs geben darf – selbst dann, wenn es keine Kinder gibt, die das rechtfertigen könnten. Es geht nicht nur um Status und Prestige, sondern um Werte wie Sinnhaftigkeit, Wirksamkeit und Nachhaltigkeit. Generation Y sucht nach der sinnvollen Arbeit und nicht nach dem dicken Firmenwagen. Es ist für Angestellte und Selbstständige eine anerkannte Option, im Homeoffice zu arbeiten.

Zu dieser Entwicklung tragen Technik und Digitalisierung entscheidend bei. Ein Business kann man heutzutage nicht nur ohne Büro, sondern auch ohne Inventar oder Mitarbeiter aufbauen. Weltweit. Von zuhause aus.

Digitalisierung und Automatisierung lassen Jobs verschwinden, aber auch neue entstehen.

Der demografische Wandel führt einerseits zum Fachkräftemangel und andererseits dazu, dass immer mehr topfitte, erfahrene Best Ager in das Alter kommen, wo sie aus Unternehmen ausscheiden.

Sie verfügen über Chancen wie niemals zuvor. Nie war es einfacher, ein Business zu starten. Allerdings auch noch nie schwieriger, es nachhaltig erfolgreich zu machen. Die weltweite Konkurrenz schläft nicht. Und Kunden haben die große Auswahl. Einerseits.

Andererseits hat die Auswahl auch einen Pferdefuß, geht mit ihr doch die Übersichtlichkeit verloren. Kunden suchen nach Orientierung.

Das ist Ihre Chance! Genau diese Orientierung sollten Sie

Ihrem Kunden geben. Es kommt nicht von ungefähr, dass in der heutigen Businesswelt Vertrauen und Beziehungen eine immer größere Rolle spielen. Wir suchen nach Authentizität, Transparenz, Ehrlichkeit und nach Menschen, die uns in irgendeiner Weise ähnlich sind oder zu denen wir aus anderen Gründen einen Draht haben. Etwas, das der Anonymität entgegenwirkt. Denn Menschen kaufen in erster Linie immer noch Menschen und erst an zweiter Stelle ein Produkt.

Und genau HIER kommen Sie als Experte ins Spiel! Wenn Sie sich mit Ihrer Expertise und Ihrer persönlichen Erfahrung zeigen, bieten Sie dem Kunden einen Punkt, an dem er andocken kann. Damit geben Sie ihm nicht nur ein gutes Gefühl, sondern befreien ihn von der Qual der Wahl.

Voraussetzung für Ihren Erfolg als Experte:

Sie müssen sich zeigen und in Ihrem Markt positionieren. Denn ein Experte ist noch lange kein Expertenbusiness. Ohne Sichtbarkeit keine Kunden. Ohne Kunden kein Business. Da können Sie noch so gut und einzigartig sein. Sie wollen der „sichtbare Experte" werden.

Visible Authority Quadrant

Copyright Sabine Votteler

Also, machen Sie es Ihren Kunden einfach, Sie zu finden. Wenn genau Sie sie verstehen und die ideale Lösung für sie haben, dann wäre es geradezu schädlich, wenn sie nicht mit Ihnen zusammentreffen würden. Um das zu ermöglichen, müssen Sie wissen, was, wo und wie Ihr Kunde sucht. Das wiederum erfahren Sie nur, wenn Sie Ihren Kunden gut kennen, und dazu müssen Sie ihn zuvor identifiziert haben.

Die Grundvoraussetzung für jedes Business ist der Zugang zum Kunden

1. Allgemeines Verständnis
2. Klare Abgrenzung der Zielgruppe
3. Probleme lösen
4. Die Kundensprache sprechen
5. Mehrwert schaffen und Vertrauen aufbauen
6. Automatisieren und skalieren

1. Allgemeines Verständnis

Das Käuferverhalten hat sich verändert, und dies führt zu einem veränderten Marketing.

• Käufer durchlaufen heutzutage eine Customer Journey (Kundenreise), die sich online abspielt. Sie suchen online über Suchmaschinen und Plattformen nach Informationen zu einem Thema, nach einer Problemlösung, oder nach jemandem, der ihnen helfen kann – mit Produkten oder Leistungen. Das heißt, das erste „Treffen" mit Ihrem Kunden als Folge dieser Suche wird meistens online stattfinden und direkt über Vertrauen oder Ablehnung entscheiden. Voraussetzung ist, dass Ihre potenziellen Kunden Sie online finden, Sie also in den Suchergebnissen auf einem der ersten Plätze ranken.

• 35 Prozent der Käufer entscheiden sich aufgrund von online sichtbarer Expertise für einen Anbieter, und als Experten sichtbare Anbieter werden zehnmal besser über Google gefunden.

- Und 90 Prozent aller Interessenten, von denen Sie als Anbieter gefunden werden – auch auf klassischen Wegen offline – versuchen, online mehr über Sie herauszufinden. Deshalb sollten Sie sich im Internet hervorragend darstellen.
- Die Kundenloyalität hat sich in nur fünf Jahren dramatisch verringert. Der Anteil der Kunden von Serviceunternehmen, die in den nächsten Jahren bei ihrem Anbieter bleiben wollen, sank von 71,4 auf 57,4 Prozent (Quelle: Hinge Research).
- Menschen vertrauen den Verkaufsbotschaften nicht mehr, sondern recherchieren selbst.
- Dank Social Media lassen sich auch online leicht Beziehungen und Netzwerke innerhalb kurzer Zeit aufbauen.
- Es ist viel einfacher geworden, mit einem Nischenbusiness erfolgreich zu werden. Vorbei sind die Zeiten der örtlichen Gebundenheit oder notwendiger massiver Investitionen.
- Dies wiederum führt zu wachsendem Wettbewerb unter Spezialisten, worunter sich viele sogenannte Gig Worker (die auftragsbezogen arbeiten) wie Consultants, Coaches, Freelancer etc. finden.

Diese Entwicklungen führen dazu, dass Sie heute nicht mehr um eine einzigartige Positionierung und Sichtbarkeit im Internet herumkommen und dass Sie Ihren Kunden mehr bieten müssen als gute Produkte oder günstige Preise. Und dass Ihnen viele Möglichkeiten zur Verfügung stehen, um zum „Visible Trusted Advisor" in Ihrer Nische zu werden.

2. Klare Abgrenzung der Zielgruppe

Die Positionierung als Experte, der wachsende Wettbewerb und der Bedarf, zu Ihren Kunden eine Beziehung aufzubauen, machen eine klare Zielgruppen-Abgrenzung unumgänglich.

Wenn es jedoch um die Definition der Zielgruppe geht, kämpfen viele Unternehmer mit der Angst, etwas zu verpassen. Warum sollten Sie nicht so viele potenzielle Kunden wie möglich ansprechen, wenn Ihre Leistung doch für so viele sinnvoll ist? „Ich werde doch nicht bewusst auf einen Teil verzichten!", werden Sie vielleicht sagen.

Das ist eine Fehleinschätzung. Das Gegenteil ist der Fall: Sie „verscheuchen" eher die richtigen Kunden, wenn Sie versuchen, sich um jeden zu kümmern.

In der Flut von Informationen und Angeboten suchen Kunden nach jemandem, dem sie vertrauen und zu dem sie eine Beziehung aufbauen können. Das hatte ich bereits angesprochen. Das Vertrauen Ihrer Kunden gewinnen Sie nur, wenn Sie sie verstehen und Ihre Kunden dies auch so wahrnehmen. Versuchen Sie mal, die ganze Welt zu verstehen und dies obendrein auch noch glaubhaft zu vermitteln.

Die neue Herangehensweise an Kunden – nämlich über Vertrauen und Beziehungen – funktioniert nicht über die Darstellung der Vorteile Ihres Angebots. Es geht nicht um Methoden oder Features, aus denen sich dann jeder das für ihn Passende aussuchen kann. Kunden wollen eine Problemlösung. Doch die muss spezifisch sein.

3. Probleme lösen

Vielleicht werden Sie jetzt sagen, dass es eine Selbstverständlichkeit ist, dass Kunden nach einer Lösung für ihr Problem suchen. Dann entgegne ich: Schade, dass dies dann so wenig Beachtung im Marketing findet.

95 Prozent aller Websites drehen sich nach wie vor darum, was das Unternehmen zu bieten hat, um dessen Leistungen, dessen Errungenschaften. Oder um den Werdegang, Ausbildungen und Zertifikate – bei Beratern zum Beispiel.

Aber wissen Sie was? Das interessiert Ihre Kunden nur ganz am Rande. Was der Kunde wissen will, ist, ob Sie ihm helfen können, sein Problem zu lösen. Ihre „Trophäen" aus früheren Zeiten sind da meist nicht sehr überzeugend. Viel wichtiger sind aktuelle Beweise dessen, was Sie behaupten, tun zu können. Kunden-Testimonials zum Beispiel, die von Ergebnissen berichten. Doch auch das ist lediglich ein Verstärker, eine Bestätigung, die in zweiter Linie wirken kann. Überzeugen müssen Sie aber schon zuvor.

Nur wie? Der Kunde fasst dann Vertrauen zu Ihnen und schenkt

Ihnen Glauben, wenn Sie ihm sympathisch sind. Und wenn Sie ihm helfen. Dazu müssen Sie ihn abholen in seiner Situation. Diese kennen und genau verstehen. Sobald der Kunde sich von Ihnen verstanden und (an-)erkannt fühlt, glaubt er Ihnen, dass Sie die Lösung wirklich kennen.

Deshalb hören Sie auf, über sich zu sprechen. Sprechen Sie von der Situation des Kunden und wie Sie ihn da herausholen. Es geht einzig und allein um ihn.

4. Die Kundensprache sprechen

Sie wissen, wer Ihre Kunden sind, und Sie wissen auch, welche Probleme sie haben. Nun müssen das nur noch Ihre Kunden erfahren. Und dazu müssen Sie glaubhaft und verständlich kommunizieren, das heißt in der Sprache Ihrer Kunden. Damit Ihnen dies geling, ist es wichtig, den Kunden nicht nur als abstraktes „Marktforschungsobjekt" zu sehen, sondern tatsächlich mit ihm ins Gespräch zu kommen.

Machen Sie qualitative Interviews, in denen Sie die Herausforderungen Ihrer Kunden ermitteln und Ihre Annahmen überprüfen – und nebenbei zudem die Sprache Ihrer Kunden lernen.

Welche Themen sprechen sie immer wieder an? Welche Geschichten wiederholen sich? Welche Metaphern benutzen sie?

All Ihre Kommunikation sollten Sie fortan in der Sprache Ihrer Kunden führen und bei den Problemen Ihrer Kunden ansetzen. Also bei ihrer Situation, dort, wo es weh tut.

Wenn Ihre Kunden sagen, sie hätten das Gefühl, als würden Sie tatsächlich direkt über sie schreiben oder dass sie es selbst nicht so gut hätten ausdrücken können, wie Sie das tun, dann haben Sie alles richtig gemacht!

5. Mehrwert schaffen und Vertrauen aufbauen

Sie kennen Ihre Kunden und deren Probleme und wissen sie anzusprechen. Das sind die perfekten Voraussetzungen, ihr Vertrauen zu gewinnen.

Ich sage bewusst nicht, die perfekten Voraussetzungen, um zu verkaufen. So weit sind wir noch nicht. Vergessen Sie, was Sie früher über Marketing gelernt haben.

Heute gilt „pull" statt „push". Sie können Ihre Zielgruppe nicht anbrüllen, damit sie kauft. Sie müssen sie hingegen ködern und „anfüttern". Lassen Sie die Finger von Anzeigen, die direkt auf Verkaufsseiten führen. Sie müssen den Kunden erst einmal vorbereiten. Es heißt, es brauche sieben bis zwölf Kontakte, bevor ein Kunde bei Ihnen kauft. Lediglich drei Prozent aller potenziellen Kunden sind im Durchschnitt gerade jetzt zum Kaufen bereit. Auf diese drei Prozent stürzen sich die meisten Anbieter. Doch was ist mit dem Großteil der 97 Prozent? Was wäre, wenn Sie ganz bequem und gelassen einfach darauf warten könnten, bis sie „reif" sind?

In der Zwischenzeit schaffen Sie die erforderlichen Kontaktpunkte und begleiten Ihren zukünftigen Kunden auf seiner Kundenreise. Wie? Mit Content.

Content ist Inhalt mit Mehrwert für Ihre Zielgruppe. Sie kennen ihre Situation. Sie wissen, vor welchen Herausforderungen sie steht und welche Fragen sie hat. Antworten Sie. Helfen und unterstützen Sie, wo Sie können. Mit Informationen in jeglichem Format. Geschrieben, als Video oder Audio aufgezeichnet. Oder persönlich in einem Vortrag. Dabei ist es wichtig, dass Sie das Stadium in der Kundenreise des jeweiligen Interessenten berücksichtigen.

Wer Sie erst einmal kennenlernen will, wird noch nicht bereit sein, ein hohes Commitment einzugehen. Da braucht es etwas, das schnell konsumiert werden kann. Wenn er hingegen schon ein paar Mal Kontakt mit Ihnen hatte, können Sie auch Dinge anbieten, die etwas mehr Engagement bedürfen, wie zum Beispiel Fallstudien, Webinare oder Veranstaltungen.

Was den kostenlosen Content anbelangt, hat ebenfalls ein Paradigmenwechsel stattgefunden. Unternehmer vom alten Schlag haben Angst, zu viel kostenlos zu geben. Was sollten Kunden denn dann noch kaufen?

Natürlich sollten Sie nicht alles verraten. Doch was zum Beispiel zu tun ist und was es dabei zu beachten gilt, ist wertvolle Information, auch wenn Ihre Kunden dann noch nicht wissen, WIE sie dies umsetzen sollen.

26

Und ganz ehrlich: Die Erfahrung zeigt, dass Information allein in der Regel keine Transformation und damit keine Resultate schafft.

Wie aber nun sollen Sie sieben bis zwölf Kontakte schaffen und mit Ihren kostenlosen Informationen auch noch genau die richtige Situation Ihres Interessenten treffen? Ich gebe zu, das hört sich kompliziert an. Und das wäre es auch, müssten Sie dies alles manuell steuern …

6. Automatisieren und skalieren

Jetzt kommt die Marketing-Automatisierung zum Tragen. Sie bauen einen sogenannten Funnel (= Trichter) auf, den Ihre Interessenten Stufe für Stufe durchlaufen.

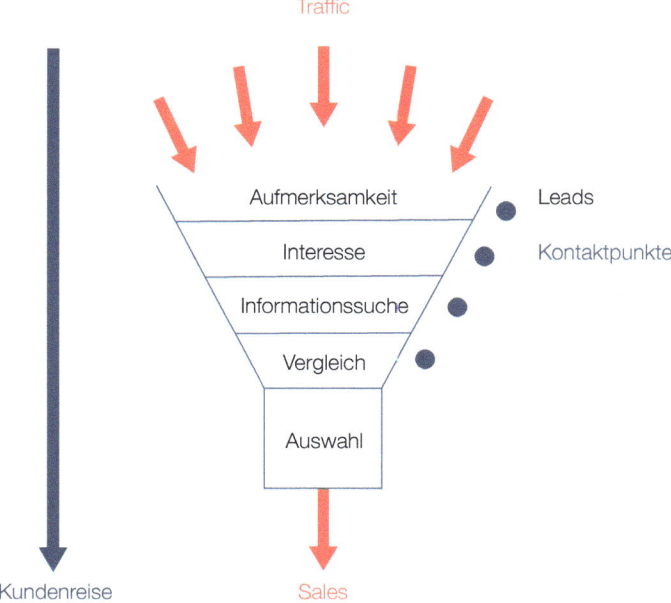

Ziel dieses Funnels ist es, Ihre Kontakte, die sogenannten Leads, von Stufe zu Stufe weiter zu qualifizieren und an sich zu binden, so dass ein Teil von ihnen am Ende des Funnels sozusagen fast automatisch zu Kunden wird.

Auf der Reise durch den Funnel bauen Sie automatisch Vertrauen und eine Beziehung auf. Der Funnel ist sozusagen das Abbild Ihrer Marketing-Strategie. Und: Er lässt sich voll automatisieren.

Was brauchen Sie für so einen Funnel?

Das „Content driven inbound marketing" ist die Grundvoraussetzung und bedeutet nicht mehr und nicht weniger als Inhalte, die für Ihren potenziellen Kunden relevant sind und die darauf abzielen, ihn oben in Ihren Funnel hineinzuholen und im weiteren Verlauf immer mehr von Ihren Informationen anzunehmen und letztendlich zu kaufen.

Content zu erstellen, ist aufwendig und kostet mehr Zeit als eine Werbeanzeige. Er sollte Ihre Expertise widerspiegeln und immer darauf abzielen, dass der Kunde mehr von Ihnen möchte. Er bietet Ihnen gleichzeitig die Möglichkeit, Ihrem Kunden zu zeigen, was Sie „drauf haben".

Zum Content gehören nicht nur die oben bereits erwähnten Artikel, Videos, Vorträge und Ähnliches, womit Sie den Kunden in Ihren Funnel holen, was bedeutet, seine E-Mail-Adresse zu gewinnen. Es gehört auch eine logisch aufgebaute E-Mail-Serie dazu, über die Sie mit Ihrem neuen Interessenten in Kontakt bleiben und ihm immer wieder neue Content-Angebote, Informationen etc. unterbreiten.

Die Technik hinter dem Marketing Funnel:

So viel zum Inhalt. Kommen wir zur technischen Seite. Sie können sich vorstellen, dass es schnell nicht mehr handhabbar wäre, wenn Sie diese E-Mails manuell verschicken müssten. Dafür bauen Sie eine Online-Marketing-Automatisierung auf. Neben den großen integrierten Systemen wie Salesforce, Marqueto, Hubspot etc. gibt es auch einfache, kostengünstige Tools, mit denen sich hervorragend arbeiten lässt.

Ihre Online-Marketing-Automatisierung besteht im Prinzip aus drei technischen Komponenten:

1. Das Landingpage-Tool
2. Das E-Mail-System
3. Das Eintrageformular

Landingpages:
Landingpages sind „abgespeckte" Websites, die einzig und allein ein Ziel verfolgen: Conversion. Eine Landingpage soll nur dafür sorgen, dass der Besucher eine einzige beabsichtigte Handlung ausführt, wie zum Beispiel seine E-Mail-Adresse einzutragen. Dies hat zur Folge, dass die Landingpage einen bestimmten, Conversion-optimierten grafischen Aufbau hat.

Landingpages kann man sowohl mit Webseiten-Systemen erstellen als auch ganz einfach mit eigens dafür entwickelten Tools.

E-Mail-System:
Dies ist das Programm, das dafür sorgt, dass die E-Mail-Adressen, die in ein Eintrageformular auf Ihrer Landingpage eingegeben werden, im Anschluss auch die für den Kontakt bestimmten E-Mails erhalten.

Die E-Mail-Systeme sind so konzipiert, dass sie die Adressen in Listen sammeln. Bei manchen Systemen lassen sich noch zusätzliche Kennzeichnungen der Adressen vergeben (beispielsweise Adressherkunft), nach denen später ebenfalls selektiert werden kann.

In einem solchen System können Sie einen Plan erstellen, welche Kontakte zu welchem Zeitpunkt welche E-Mails erhalten sollen. Dabei können Sie alle möglichen zeitlichen Bezugspunkte (wie zum Beispiel Wochentage oder Anlagedatum des Kontakts) verwenden, viele Bedingungen vergeben und jede Menge E-Mails vorausplanen, so dass all Ihre neuen Adressen automatisiert angeschrieben werden.

Der Funnel und die Marketing-Automatisierung sind ein tolles Instrument, um als Unternehmer effizienter zu werden und die erste Voraussetzung dafür, eine Skalierung zu schaffen.

Was versteht man unter Skalierung?
In der Betriebswirtschaftslehre dient der Begriff ganz allgemein der Bezeichnung der Expansionsfähigkeit eines

Geschäftsmodells durch Kapazitätsausweitung zur Erreichung höherer Effizienz und Profitabilität. Interessant für Investoren ist insbesondere die Skalierbarkeit von Geschäftsmodellen, ohne weitere wesentliche Investitionen in Infrastruktur, Produktion oder Einstellung neuer Mitarbeiter tätigen zu müssen. Ein hoch skalierendes Start-up kann also schnell und kostengünstig expandieren und die gesteigerte Nachfrage auch bedienen. Es kann dadurch fast problemlos neue internationale Märkte ansprechen. Dieses Kunststück gelingt besonders oft digitalen Geschäftsmodellen im Internet.

Geschäftsmodelle und Skalierbarkeit

Ich teile die Geschäftsmodelle in der Berater- und Dienstleisterindustrie in drei wesentliche Kategorien ein:

1. Die Gig-Worker
Arbeiten auftrags- beziehungsweise projektbezogen, tauschen also Zeit gegen Geld. In diese Kategorie fällt der klassische Berater, der über Stunden- oder Tagessätze abrechnet, genauso wie der Friseur oder die Werbeagentur, die auftragsbezogen arbeiten.

2. Die Start-ups
Der Begriff Start-up wird mittlerweile sehr breit verwendet, doch ich meine hier Start-ups in ihrer ursprünglichen Definition: Innovation und hohe Skalierbarkeit, in der Praxis meist im technologischen Bereich tätig. Das sind Businessmodelle, die in der Regel ein hohes Investment erfordern, Technologie und ein Team.

3. Und dann haben wir da noch die „Smarties", wie ich sie mal nennen möchte.
Diese Unternehmen stehen zwischen den zuvor genannten Modellen. Es sind die kleinen Firmen und die Solopreneure, die es schaffen, ihr Business zu skalieren, aber mit weniger finanziellem Ballast und wesentlich schnellerem ROI als die Start-ups.

Im weiteren Verlauf schauen wir uns dieses letztgenannte spannende Modell näher an. Es kann auch Ihr Unternehmen beziehungsweise Ihre Gründung revolutionieren.

Smart Scaling:
Smart Scaling ist Skalierung für die „Kleinen", für die Gig-Worker. Mit geringem Investment und aus eigener Kraft.

Doch nicht jedes Business ist so einfach skalierfähig. Besonders personalintensive Geschäfte haben es da schwer. Darunter fallen die vielen Berater, Coaches, Trainer und Dienstleister, Freelancer – die meisten Solounternehmer also.

Wo immer Sie Zeit gegen Geld tauschen, bedeutet Expansion, mehr aus der einen Stunde rauszuholen. Doch wie, wenn Sie sich nicht klonen können? Denn Ihre Zeit können Sie nicht ausdehnen. Mit Mitarbeitern allein funktioniert es offensichtlich nicht, weil zwar der Output größer wird, doch der Aufwand mindestens im gleichen Maße wächst.

Sie müssen an die Prozesse ran. Ihre Ressourcen, Ihr Knowhow, Ihre Fähigkeiten, die Ihren Kunden zu einer Problemlösung verhelfen, müssen in einer Stunde (also mit gleichem Aufwand) mehr Ergebnisse produzieren beziehungsweise mehr Menschen erreichen.

Es lohnt sich daher, Ihr Businessmodell zu überprüfen. Meistens lassen sich hier Potenziale heben, die den Unternehmern entweder nicht bewusst sind, weil sie es schlichtweg immer schon so machen, oder weil Annahmen getroffen werden, weshalb etwas nicht geht, die jedoch einer Prüfung in der Realität nicht standhalten.

Was sind die Hebel für smartes Skalieren?
• Mehr Kunden gleichzeitig bedienen
• Leistung von Arbeitszeit entkoppeln

Das zieht Anpassungen im Businessmodell nach sich. Vielleicht müssen Sie Ihr Angebot verändern, vielleicht Ihre Zielgruppe neu definieren und als Konsequenz dann auch andere Aktivitäten und Maßnahmen entsprechend anpassen.

Was machen „smarte Experten" anders?

„Smarties" passen sich an das neue Konsumentenverhalten an:
- Sie kennen das Suchverhalten ihrer Kunden.
- Sie sind im Internet auffindbar.
- Sie bauen das Vertrauen ihrer Kunden auf, indem sie kostenlosen Mehrwert bieten.
- Sie binden ihre Kunden mithilfe einer „Angebotsleiter", deren Angebote ihre Bedürfnisse in unterschiedlichen Stadien abdecken.

„Smarties" nutzen neue Technologien, Methoden und Tools:
- Sie automatisieren Prozesse.
- Sie digitalisieren ihr Marketing.
- Sie entwickeln ihre Angebote in Co-Creation mit ihren Kunden und „on the go".

„Smarties" verkaufen Resultate:
- Sie kennen die Ergebnisse, die ihre Kunden haben wollen, und verkaufen keine Leistungen und Methoden.
- Sie bestimmen ihre Preise nach dem Wert ihrer Resultate.

„Smarties" bedienen mehrere Kunden gleichzeitig:
- Sie wissen, dass sie ihren Kunden nutzen, indem sie ihnen ihre Expertise vermitteln.
- Sie kennen die Einsatzmöglichkeiten und Vorteile moderner Beratungsformen.
- Sie nutzen Mastermind- oder andere Formate, die von der Zusammenkunft mehrerer Kunden profitieren.

„Smarties" machen ihr Knowhow zu Produkten:
- Sie sind in der Lage, zumindest Teile ihrer Leistung von ihrer Zeit zu entkoppeln.
- Sie verlagern Teile ihrer Arbeit auf die Mitwirkung des Kunden, werden vom „Done-for-you"-Dienstleister zum „Done-by-you"-Produktbieter, manchmal über den Zwischenschritt oder die Mischung mit „Done-with-you"-Angeboten.

- Sie entwickeln aus ihrer Leistung zum Beispiel Kurse, Seminare, Online-Programme etc.

„Smarties" sourcen out:
- Sie kennen ihre Stärken und ihre Grenzen und kooperieren mit Partnern.
- Sie fokussieren sich auf ihre Wertschöpfung und geben andere Aufgaben ab.
- Sie bedienen sich freier Mitarbeiter.

„Smarties" sind Experten:
- Sie haben eine starke Positionierung.
- Sie sind sichtbar – offline und online.
- Sie sind der „Trusted Advisor" ihrer Zielgruppe.

Ausweg aus dem Hamsterrad:
Nicht nur Angestellte, auch Gründer und Selbstständige sind oftmals mit ihren Kräften am Limit.

Für viele ist es ein ständiger Kampf um Anerkennung – im einen Fall von Vorgesetzten, im anderen von den Kunden – und ein Wettlauf gegen den Wettbewerb.

Selbstständige sind in der „Selbst-und-ständig-Falle" gefangen. Besonders bitter ist das, wenn man ursprünglich einmal angetreten ist, um eine Vision zu verwirklichen und sich seine Zeit selbst einteilen zu können. Und das ist es ja offensichtlich, was Gründer wollen.

Das Problem bei Solopreneuren ist, dass sie alles alleine machen und ihre Zeit gegen Geld tauschen.

Es muss effizienter gehen. Es muss am Ende mehr vom Tag übrig bleiben. Viel zu wenige nutzen die heutigen Möglichkeiten von Automatisierung, Skalierung und Digitalisierung.

Seien Sie smart.

Wenn Sie herausfinden wollen, wo Sie in Ihrer Entwicklung zum smarten Experten stehen, dann laden Sie sich meine Checkliste herunter. https://sabinevotteler.com/checkliste-buch

Vertrauen –
ist die Grundlage
für Ergebnisse

Jörg Bothe

Profil – Jörg Bothe

Vertrauen ist die Grundlage für Ergebnisse –
privat und im Business.

Mut, Klarheit – und ein außergewöhnlicher Erfahrungsschatz charakterisieren den Lebensweg von Jörg Bothe. Er gilt
als „Meister des Wandels" und als Vordenker einer neuen Führungskultur, die von Vertrauen geprägt die Potenziale in Ergebnisse für das Unternehmen umsetzt und die Mitarbeiter in ihrer
Entwicklung nachhaltig unterstützt.

Er stand selbst in der Arena und hat in unterschiedlichsten
Firmen und Branchen die Ergebnisse auf ganz neue Niveaus ge-
hoben, Mitarbeiter zu neuen Höhen geführt und die Führungskultur entscheidend geprägt.

Jörg Bothe coacht Inhaber, Top-Manager und Unternehmen,
um Ergebnisziele schnell und effizient zu erreichen. Mit seinen
Vorträgen „results first!" und „Vertrauen ist die Grundlage für
Ergebnisse" setzt er wichtige Impulse für Wandelprojekte.

Jörg Bothe ist Vater von fünf Kindern und lebt in Weinheim.
Er liebt das Laufen am und das Schwimmen im Meer, und einer
guten Golfrunde kann er nur selten widerstehen.

Mein Traum einer Vertrauenskultur

Der Chef verlässt die Sitzung mit einem guten Gefühl. Er weiß, dass er dem Ergebnis, dass seine Mitarbeiter jetzt erarbeiten werden, voll vertrauen kann. Es wird sehr schnell gehen und gleichzeitig werden es sich die Mitarbeiter nicht einfach machen. Sowie sich eine mögliche Lösung herauskristallisiert, werden sich alle Beteiligten darauf stürzen. Sie werden versuchen, diese mit Fragen, Hypothesen und den schrecklichsten Annahmen einer schwierigen Prüfung zu unterziehen. Gleichzeitig wird in dieser Diskussion niemand nur deshalb die mögliche Antwort attackieren, weil sie nicht von ihm oder ihr kommt. Der Chef weiß, dass alle das absolut Beste geben. Er vertraut seinen Leuten, nicht ohne sich zum Abschluss noch einmal zu versichern, dass alle Eventualitäten abgeklopft wurden. Nicht um zu kontrollieren, sondern um seiner eigenen Verantwortung gerecht zu werden. Leichtgläubigkeit und blindes Vertrauen sind nicht sein Ding und er weiß auch, dass seine Leute diese letzte Prüfung erwarten. Sie wollen diesen letzten Proof of concept haben. Denn sie wissen, dass es nur um die beste Lösung geht und nicht um Selbstdarstellung oder unüberlegte Aktionen, gemäß dem Motto: Operative Hektik ersetzt geistige Windstille.

Soweit mein Traum. Leider ist das, was ich in Unternehmen häufig erlebe und erlebt habe, nicht im Ansatz damit zu vergleichen. Kaum hat der Chef den Raum verlassen, ist in den meisten Unternehmen vor allem Erleichterung zu spüren. Endlich wieder unter sich sein und die alten Rituale weiterleben können. Dann geht es um eine Lösung, die am wenigsten wehtut. Alle versichern sich, am gleichen Strang zu ziehen, vergessen aber leider, dass sie sich konkurrierend gegenüber stehen. Alternativ wird die erstbeste Lösung als das Nonplusultra im Unternehmen verkauft. Vielleicht weil sie allen als die dem Chef angenehmste Lösung erscheint.

Viele Mitarbeiter werden ob dieser vermeintlichen Lösung den Kopf schütteln. Nur sagen wird keiner etwas. Soweit kommt

es noch, dass irgendjemand seine Meinung sagt, wenn die Alt-
vorderen sich endlich geeinigt haben. Vertrauen ist gut, aber
Vorsicht ist in diesem Unternehmen gesünder.

Doch wie wirkt sich dieses Vorgehen auf die Entwicklung
des Unternehmens aus? Die wirklich wichtigen Themen und
großen Probleme im Unternehmen werden nicht benannt. Ob es
sich dabei um Prozesse aus dem letzten Jahrtausend handelt, die
Angst, neue Lösungen für echte Kundenzufriedenheit einzufordern, oder, Gott bewahre, neue Ergebnischancen zu erschließen.
Niemand traut sich, genau hinzusehen und die fehlende Brillanz
im Unternehmen zu thematisieren. Eines ist klar: Die allerbes-
ten Lösungen für Ihre Kunden und Ihr Geschäft erschaffen Sie
so nicht! Mitarbeiter sind erst dann richtig motiviert, ihre eigenen Ideen zu Problemlösungen hervorzubringen, wenn sie sich
in ihrer Leistungsfähigkeit respektiert fühlen und wenn sie erfahren, dass man ihnen Vertrauen entgegenbringt.

„Vertrauen ist mein Urgefühl"

Das Urvertrauen begleitet uns von unserer ersten Sekunde an im
Leben. Es gibt uns erst die Möglichkeit, eigenständig in die Welt
zu gehen. Vertrauen genießen, das heißt bei Mama auf dem
Bauch zu liegen und auf Papas Schultern getragen zu werden.
Die ersten Schritte zu gehen und den Radius immer zu erweitern. Vertrauen ins Leben zu haben, bedeutet immer wieder aufzustehen, auch wenn es mit dem Laufen noch nicht so klappen
will. Schränke, Tische, Schubladen zu erforschen und den eigenen Horizont zu erweitern. Immer darauf vertrauen, dass es etwas Neues gibt, und neugierig darauf sein, wie es bewältigt werden kann. Vertrauen ist für uns so wichtig und es ist das
Gegenteil von Bevormundung.

Vertrauen ist in unserer Gesellschaft zu einem Buzzword
verkommen. Politiker werben darum und Unternehmen werben
damit. Jeder spricht es aus und doch wird es ständig erschüttert.
Es ist oftmals nur noch eine Worthülse, weil wir es zu oft benutzen und zu wenig hinterfragen. Wir fordern von anderen,
dass uns Vertrauen geschenkt wird, sind aber oft selbst nicht

bereit, die Grundlagen für ein echtes Vertrauen zu erarbeiten. Es wird geflunkert, gelogen, verschleiert, hinterrücks schlechtgemacht. Wir verhalten uns und dem Gegenüber respektlos. Das Gejammer ist groß, wenn wieder einmal eine zu dreiste Aussage auffliegt. Dabei sorgen wir jeden Tag selbst dafür, dass Vertrauen nicht entsteht. Vertrauen, ist die Währung der Welt! Wodurch kann Vertrauen entstehen? Die Situationen, in denen wir Vertrauen benötigen, sind unendlich. Sie vertrauen darauf, dass Ihre Kinder in der Schule gut aufgehoben sind. Sie vertrauen in Ihre Partnerschaft und pflegen ein Vertrauensverhältnis zu Ihren Kindern. Vertrauen ist der Grundstein für das Zusammenleben in unserer Gesellschaft. Wir können in einer komplexen Gesellschaft nicht alles kontrollieren und sind zum Vertrauen gezwungen. In Unternehmen gelten andere Gesetze und Normen als in der Familie oder Gesellschaft. Doch wirken die gleichen positiven Aspekte einer positiven Vertrauenskultur. Vertrauen beschleunigt die Abläufe enorm, weil nicht jeder kleine Handschlag kontrolliert werden muss. Vertrauen schafft die Basis für die besten Lösungen, wenn wir uns in unserem Handeln bestätigt fühlen und Freiräume erlangen.

„Es gibt keine vertrauensfördernden Maßnahmen, es gibt nur eine vertrauensvolle Haltung"
Wo Vertrauen ist, kann keine Kontrolle sein – von diesem Satz halte ich nicht viel. Theoretisch ist das richtig. Praktisch sind Führungskräfte für viele Menschen verantwortlich. Das ist nur mit einem gewissen Maß an Kontrolle möglich. Diese notwendigen Kontrollen sollten jedoch als eine wiederkehrende Chance gesehen werden, das in sie gesetzte Vertrauen zu bestätigen. Je stärker die Vertrauenskultur ausgeprägt ist, desto mehr können überbordende Kontrollen und die damit einhergehende Verlangsamung wichtiger Prozesse beendet werden. Den gewonnenen Freiraum können Führungskräfte dafür nutzen, das Vertrauensverhältnis zu den Mitarbeitern zu stärken, bei denen Kontrollen noch stärker erforderlich sind. Bilden Sie zwei Gruppen von Mitarbeitern. Eine die berichtet, was sie getan hat und eine zweite, die fragt, bevor sie handelt. Die gewonnene Zeit stecken Sie in die Entwick-

lung der Mitarbeiter der zweiten Gruppe.

Vertrauen im Unternehmen hat für alle Beteiligten viele Vorteile. Basis ist, dass Führungskräfte und Mitarbeiter es geschafft haben, mit Mut und Respekt eine vertrauensvolle Beziehung aufzubauen. Zudem müssen die Mitarbeiter bereit sein, auch tieferliegende Probleme anzusprechen und anzugehen. Dann entfaltet sich allein dadurch Entwicklungspotenzial für das Unternehmen, die Führungskräfte und die Mitarbeiter. Schneller, kostengünstiger, besser und für die Mitarbeiter erfüllender – die positiven Effekte für Mitarbeiter, Unternehmen und Kunden sind zahlreich und enorm.

Je stabiler das Vertrauensverhältnis wird, weil ständig positive Erfahrungen gemacht werden, umso mehr Mitarbeiter beteiligen sich auch und sind bereit, ihre Themen und ihr Wissen einzubringen. Echte Führung schafft Vertrauen durch Respekt, Ehrlichkeit, Offenheit, Verlässlichkeit und Mut.

In Unternehmen höre ich oft von Führungskräften: „Aber das kann ich ja nicht allein. Da muss ich auf das Topmanagement warten, die müssen das vorgeben!" Oder: „Da müssen wir den Mitarbeitern mal was Gutes tun, ein Teambuilding in einem teuren Hotel wäre super." Nur, wer sagt, dass gewartet werden muss oder ein Event erforderlich ist? Seien Sie ehrlich, das eine ist Feigheit oder Ideenlosigkeit und das andere ist Trockenschwimmen. Wenn Ihre Haltung und Ihr Führungsverständnis bezüglich Ihrer Mitarbeiter auf Werten wie Respekt, Ehrlichkeit, Verlässlichkeit, Mut und Offenheit basiert, dann müssen Sie entsprechend handeln. Respekt zeigt sich beispielsweise darin, dass Sie nicht die Arbeit Ihrer Mitarbeiter erledigen. Respekt zeigt sich im Vertrauen auf die positive Leistungsfähigkeit der Mitarbeiter. Respektlos ist es jedoch, mit anderen Führungskräften über die schlechten Leistungen einzelner Mitarbeiter zu sprechen, anstatt es ihnen direkt und selbst zu sagen.

Finden Sie Lösungen, die allen nutzen und nicht nur ein Problem beheben. Vielleicht kommt Ihnen das Beispiel bekannt vor: Die Abteilungsrunde ist nach langen Diskussionen beendet, alle schauen gelangweilt in die Luft. Auf die Nachfrage, ob alle verstanden haben, was zu tun sei, nicken ein paar wenige. Der Abteilungsleiter weiß, was das heißt. Niemand wird sich viel Mühe geben, das Projekt noch rechtzeitig über die Ziellinie zu bringen. Es reicht nicht, nichts zu sagen und zu hoffen, dass es schon irgendwie funktionieren wird. Nietzsche hat einmal gesagt: „Hoffnung ist in Wahrheit das übelste der Übel, weil sie die Qual der Menschen verlängert![1]"

Wodurch kann Vertrauen im Unternehmen entstehen? Kommunizieren Sie offen und ehrlich. Kommen Sie von end- und ergebnislosen Diskussionen weg und fordern Sie die Lösungskompetenz Ihrer Mitarbeiter heraus. Das gelingt Ihnen mit Mut und Ehrlichkeit und indem Sie zeigen, wo sich die Diskussion aktuell bewegt. Werden alte Probleme aufgewärmt und zum x-ten Male erzählt oder geht es um Kriterien für eine zukünftige Lösung? Geben Sie sich nicht mit dem erstbesten Ergebnis zufrieden, sondern schaffen Sie eine Vertrauensbasis für weitere Ideen.

---

1 Nietzsche, F.: Menschliches, Allzumenschliches. Ein Buch für freie Geister, 1878 – 1880. Erster Band. Zweites Hauptstück: Zur Geschichte der moralischen Empfindungen

Vertrauen im Business

Eine kleine Geschichte.

Die Stimmung in der Familie ist ausgelassen und fröhlich. Alle eint die Vorfreude auf die lang geplante Urlaubsreise. Jens, Vater von drei Kindern und IT-Leiter eines mittelständischen Unternehmens in der Nähe von München, schleppt gerade den letzten Koffer zum Wagen, als sein Handy klingelt. Den Klingelton kennt die ganze Familie, und sofort ist die Stimmung gedrückt. Der Ehefrau entgleitet ein genervtes Stöhnen. „Nicht schon wieder!", seufzt sie, als sie die Stimme ihres Mannes wahrnimmt. „Was? Ein Cyberangriff? Wie – alles steht und nichts funktioniert mehr? Ja, natürlich, ich bin auf dem Weg!"

„Susanne, bitte! Es ist wichtig, sehr wichtig! Ich kann jetzt nicht mit euch in den Urlaub fahren, ich muss dahin, die brauchen mich jetzt. Das ganze Unternehmen steht! Nein, ich kann meinem Chef nicht sagen, dass ich Urlaub habe! Susanne, nimm du den Wagen und fahrt los, ich komme so schnell wie möglich nach." Das Taxi fährt los, der Rest der Familie steht etwas unschlüssig auf dem Gehweg.

Wir wissen alle, die Personen sind austauschbar, viele Führungskräfte haben gleiche oder ähnliche Situationen bereits erlebt.

Vertrauenswürdigkeit ist manchmal ein sehr schmaler Grat. Es gibt Situationen, in denen jede mögliche Entscheidung ein Vertrauensverhältnis zerstört. Hätte Jens sich für den Familienurlaub entschieden, wäre das Vertrauensverhältnis zu seinem Arbeitgeber wahrscheinlich unrettbar erledigt, mit allen Konsequenzen. Welche Konsequenzen seine Entscheidung auf seine Ehe hat, kann nur erahnt werden. Aber sollte sie nach vielen ähnlichen Situationen noch bestehen, ist sehr viel Vertrauensarbeit von Jens erforderlich. Jens hat sich hier für den Spatz in der Hand entschieden und hofft, dass die Taube noch eine Weile auf dem Dach auf ihn wartet. Doch die Geschichte geht noch weiter.

Die nächsten zwei Wochen sind sehr anstrengend. Jens sitzt Tag und Nacht im Büro und versucht, den Schaden im

Unternehmen kleinzuhalten. Denn sehr schnell wird klar: Er sitzt auf der Anklagebank und kämpft um seinen Job. Die Familie vergnügt sich derweil in den Ferien am Strand, nur mit seiner Frau hat er schon seit fünf Tagen nicht mehr telefoniert. Die Stimmung ist eisig. Nach dreizehn Tagen ohne Pause ist das Problem mit der Schadsoftware gelöst, und es kehrt für ein paar Stunden so etwas wie Ruhe nach dem Sturm ein. Dann klingelt sein Handy. Die Chefsekretärin bittet ihn zum Gespräch mit dem Vorstand. Als er das Büro betritt, sieht er auch den Personalchef am Tisch sitzen. Was jetzt kommt, ahnt er schon. „Wir trennen uns von Ihnen! Die Probleme der letzten Wochen sind in Ihrer Verantwortung passiert, und der finanzielle Schaden ist immens. Bitte verlassen Sie direkt das Haus. Ihre persönlichen Sachen schicken wir Ihnen nach."

Nach ein paar unruhigen und verzweifelten Stunden allein im großen Haus greift er zum Telefon und ruft seine Frau an. „Oh, der Herr Manager traut sich mal wieder, die Familie anzurufen! Was gibt es, ist dir gerade langweilig?"

„Du, hör mal, ich bin …" – „Hör du mir mal zu, Jens. So geht das nicht weiter, ich habe keine Lust mehr darauf, dass immer alles auf deinen Job warten muss. Ich habe nächste Woche einen Termin beim Scheidungsanwalt, ich möchte, dass du ausgezogen bist, wenn wir in drei Tagen zurück sind. Kannst ja in dein Büro ziehen, da bist du ja sowieso am liebsten." Klack! Sie hat aufgelegt.

Sicher, so einen elementaren Bruch gibt es nicht jeden Tag, aber so ähnlich habe ich es auch bereits erlebt. In dieser Situation sinkt das Selbstvertrauen tiefer, als man es sich je hätte vorstellen können. Auch wenn sich die Trennung vielleicht schon länger angedeutet hat und immer zwei dazu gehören – einer Trennung, egal ob privat oder beruflich, geht immer eine Distanzierung voraus. Irgendwann ist das Vertrauen in eine gemeinsame Zukunft verloren. Jens hat das Büro dem Urlaub vorgezogen, weil er bereits wusste, dass es für ihn in der Firma nicht gut läuft. Er wusste, dass eine Absage die sofortige Kündigung nach sich gezogen hätte. Sicher war ihm auch bewusst, dass er den familiären Bogen überspannt hat. Jedoch ließ ihm seine Verantwortung, für den Familienunterhalt zu sorgen, keine andere Wahl. Er hat auf die Hoffnung vertraut, dass seine Frau zu ihm steht und er gleichzeitig seinen Job retten kann.

Ich möchte an diesem realen Beispiel zwei Aspekte für die private und berufliche Vertrauenskultur sowie Möglichkeiten aufzeigen, wie in einer solchen Situation das Selbstvertrauen wieder aufgebaut werden kann.

„Vertrauen Sie sich selbst, dann vertrauen Ihnen auch Ihre Mitarbeiter"

Leider ist es in vielen Unternehmen nicht üblich, dass das Management den Mitarbeitern, und hierzu zählen auch die hierarchisch zugeordneten Führungskräfte, frühzeitig Leistungsdefizite in einer ehrlichen und offenen Kommunikation darlegt. Häufig wird lieber in exklusiven Meetings über die vermeintlichen Schlechtleister gesprochen – und nicht mit den Betroffenen. Das Problem ist dabei tiefer gehend, denn es breitet sich eine Angstkultur aus. Alle glauben, irgendwie ins Visier des Chefs geraten zu können oder bereits zu sein. Es fehlt die klare und ehrliche Rückmeldung zur Leistung. Angst und Vertrauen gehen nicht miteinander. Wer Angst hat, macht mehr Fehler, ist weniger kreativ, weniger leistungsfähig und erst recht nicht motiviert.

Doch es sind nicht allein die Führungskräfte, die dafür verantwortlich sind, auch wenn sie den größeren Teil dazu beitragen. Auch Mitarbeiter, die sich den Anforderungen nicht gewachsen fühlen oder Probleme zum Beispiel in Prozessen erkennen, sind in der Pflicht, dies anzusprechen. Ich weiß, es gehört eine Menge Mut und Selbstvertrauen dazu. Doch die herkömmliche Alternative, auszuhalten und zu hoffen, dass man nicht betroffen sein wird, reicht einfach nicht aus. Am besten ist es, mit einem eigenen Lösungsvorschlag das Gespräch zu suchen. Vertrauen entsteht, wenn Offenheit, Ehrlichkeit und Verlässlichkeit gelebt werden.

Jens wusste, dass die IT einem raffinierten Cyberangriff nicht gewachsen war. Er hatte sich aber nicht getraut, dies anzusprechen. Er wusste auch, dass es um seine Ehe nicht gut stand und hat es versäumt, klar zu kommunizieren. Sein Chef hätte genauso das Gespräch suchen müssen und zwar konkret, offen, lösungsorientiert. Auch dem Vorstand ist klar, dass die Ablösung des IT-Leiters kein zukünftiges Problem lösen kann. Es verschlimmert die Situation sogar noch, denn jetzt muss ein neuer IT-Leiter nicht nur gefunden, es muss auch noch Vertrauen aufgebaut werden. Seine Ehefrau war ebenfalls nicht in der Lage, offen, ehrlich und respektvoll ihre Defizite und Wünsche zu kommunizieren. Alle haben verloren. Jens, seine Frau und das Unternehmen. Verloren haben vor allem aber die Kinder. Die einzigen, die nichts ändern konnten, tragen die größte Last. Nicht nur, weil die Eltern sich trennen und der Kontakt zum Vater noch schwieriger wird. Vor allem aber, weil das Vertrauen in die elterliche Verantwortung und Lösungskompetenz tief erschüttert ist. Dass Kinder den Eltern vertrauen, bedeutet nicht, dass diese egoistisch handeln dürfen. Ein Schüler offenbarte mir vor einiger Zeit in einem Interview auf die Frage, ob er seinen geschiedenen Eltern vertraue: „Nur bedingt, sie haben sich getrennt und ich bade es aus." Alle haben verloren. Mit einer Vertrauenskultur, in der die oben angesprochenen Werte in allen Beziehungsebenen gelebt worden wären, wäre eine Win-win-Lösung möglich gewesen.

„Die Lüge ist der größte Vertrauenskiller,
und doch glauben wir ihr"
Sie erinnern sich bestimmt an das Dschungelbuch mit Mogli, dem kleinen Wolfskind. Erinnern Sie sich an die Filmszene, in der die Schlange Ka versucht, Mogli zu fressen? Dabei wird der Song „Vertraue mir" gespielt. Es ist offensichtlich, dass die Schlange nichts Gutes im Schilde führt und dafür auch schamlos lügt. Doch mit geschicktem Gesang und einer vertrauensvollen Stimme gelingt es ihr beinahe, Mogli zu überlisten.

Aktuell erleben wir diese Lügen in der Politik in vielen Facetten. Wann hören wir auf die Schlange, die uns „Vertraue mir" einsäuselt, wann lassen wir uns leichtgläubig einwickeln und unser Vertrauen missbraucht? Was ist mit Werbung? Jeder weiß, dass Fast Food gesundheitsschädlich ist, dass viele Getränke zu viel Zucker beinhalten – trotzdem konsumieren wir Burger und Softdrinks. Wider besseren Wissens gehen wir der Werbung und auch den werbenden Parteien auf den Leim. Wir bewahren allzu oft unsere eigenen Gedanken. Bloß nicht neu über ein Problem nachdenken, es könnte ja zu einer Veränderung führen. Jeder neue Fakt wird als Unsinn abgetan und die, die Wahrheiten aussprechen, sollen sich doch bitte erst einmal klar machen, was sie denn schon geleistet haben. Dabei ist egal, ob es sich um eine schwedische Jugendliche handelt, die die Politiker und große Teile der Gesellschaft mit ihrer Ignoranz konfrontiert. Oder ob ein neuer Mitarbeiter es wagt, bestehende Vorgehen, Prozesse und vermeintliche Lösungen zu hinterfragen. Das Alter ist nicht entscheidend. Nur der Mut, Dinge auszusprechen. Wo bleibt unser kritischer Geist, der Aussagen noch nicht einmal einer wissenschaftlichen Prüfung unterziehen muss, um zu erkennen, dass jemand versucht, uns hinters Licht zu führen? Es reicht nicht aus, nur über missbrauchtes Vertrauen zu schimpfen und diese Kritik online oder in der Kaffeeküche zu teilen. Es ist nötig, die eigenen Fähigkeiten einzusetzen und eine bewusste und vertrauensvolle Entscheidung zu treffen. Der Belogene ist ein Teil der Lüge, weil es so bequem ist, diese einfach anzunehmen und nicht zu hinterfragen. Weil leichtfertiges Vertrauen uns vorgaukelt, dass das Ganze doch vertrauenswürdig ist und wir uns gut fühlen dürfen.

Die Komfortzone darf nicht angetastet werden, egal, ob im Unternehmen, zuhause, in der Gesellschaft oder der Politik. Nur nicht auffallen und den Mut aufbringen, reflektiert eine eigene Meinung zu äußern. Meinungsfreiheit bedeutet nicht, jeden Unsinn nachzuplappern und Menschen mit neuen Ansichten zu diffamieren. Mut bedeutet auch, das zu tun, was mehr Personen nützt, als schadet. Oft ist es besser, einfach anzufangen, als ewig zu diskutieren.

Kampf der Kulturen

Im Ghost-Management mit einem Abteilungsleiter kam die Sprache auf die schwache Leistung eines großen Teils des Teams: „Ja, was soll ich machen? Die meisten können es nicht, und dann sehen sie, dass viele andere es auch nicht besser machen und schon ist das Niveau unterirdisch! Aber ich kann doch nicht alle rausschmeißen! Außerdem komme ich gar nicht mehr dazu. Immer wieder muss ich Detailthemen klären und kann mich nicht um die Entwicklung der Mitarbeiter kümmern." Vertrauen ist keine Einbahnstraße und darf nicht mit Bequemlichkeit verwechselt werden. Viele Mitarbeiter wissen genau, welche Knöpfe sie bei ihrem Chef drücken müssen, um die eigene Komfortzone nicht verlassen zu müssen. Zu viel Arbeit, zu schlechte Vorarbeit der anderen Abteilung, zu wenig Mitarbeiter, der Kunde antwortet oder entscheidet nicht, der Vertrieb verkauft nicht, was wir können und die Produktion produziert nicht, was der Markt haben will. Diese Quengelorgien kennen Sie sicher.

Was haben diese mit Vertrauenskultur zu tun? Sie zeigen fehlendes Vertrauen in die eigenen Stärken, fehlende Ehrlichkeit, Probleme auch bei sich zu suchen, fehlende Offenheit, Ross und Reiter zu nennen, fehlendem Mut, Neues auszuprobieren und vor allem fehlenden Respekt der Führungskraft gegenüber der Leistungsfähigkeit der Mitarbeiter. Es ist einfach, wegen der Situation, der fehlenden Qualität oder Quantität der Mitarbeiter zu lamentieren. Für eine Führungskraft reicht das nicht. Mut bedeutet auch, den Mitarbeitern etwas zuzumuten – im positiven Sinn.

Was, wenn das Management nicht bereit ist, bestehende Konflikte auszutragen? Statt klar und deutlich zu formulieren, was von den Mitarbeitern erwartet wird, zieht es sich zurück. Ganz klar, dann gestaltet die Führung keine Freiräume. Stattdessen hat sie sich in ihre eigene Komfortzone begeben – und einen „Nichtangriffspakt" zwischen Mitarbeitern und Führung geschlossen. Spätestens jetzt stellt sich jedoch die Frage, wer wen führt. Und wie Führungskräfte ihren Auftrag verstehen.

Wer wirklich führen will, muss Verantwortung übernehmen. Und bereit sein, Ergebnisse klar und ehrlich zu formulieren und einzufordern. Führungskräfte müssen Freiräume schaffen und die Unterstützung geben, die die Mitarbeiter für diese Leistung benötigen. Die Mitarbeiter haben die Freiheit, ihre Kreativität in erfolgversprechende Aktionen und Ideen umzuwandeln – nicht aber, sich Lücken im System zu suchen, um es sich dort bequem zu machen.

Komfortzonen aufzulösen bedeutet, dass die Führungskraft eine Vision und einen Weg für die Entwicklung ihres Verantwortungsbereichs benötigt. Daraus definiert sie dann ambitionierte Ziele, als Punkte auf diesem Weg. Dafür muss die Führungskraft mutig sein und sich den Themen der Mitarbeiter und den Prozessproblemen widmen. Sie muss sich ihnen zuwenden und verstehen, wo der Einzelne und der gesamte Bereich limitierende Faktoren haben. Bestehende Leistungsdefizite müssen thematisiert werden. Denn Respekt und Aufrichtigkeit bedeutet eben nicht, ausschließlich freundlich zu sein und jegliches Feedback so in Watte zu packen, dass keiner mehr versteht, worum es geht. Nur wenn Mitarbeiter wissen, dass mehr erwartet wird, können sie ihr Potenzial entfalten und werden bereit sein, ihre Komfortzonen aufzugeben. Mitarbeiter zu entwickeln und sie zu unterstützen, gehört zu den Führungsaufgaben. Hire and fire gehört nicht dazu.

Was wird benötigt, damit die Mitarbeiter oder zumindest die nächsten Führungskräfte dem Topmanagement ihr Vertrauen schenken? Oft erlebe ich, dass unterschiedliche Initiativen zur Verbesserung der Vertrauenskultur in Unternehmen gestartet wurden. Oder es wird eine Vision formuliert und dazugehörige Werte definiert. Plakate hängen fortan vor der Kantine oder am Eingang zur Personalabteilung. Vielleicht dreht die Geschäftsführung auch noch ein Video zur Vertrauenskultur, das die Mitarbeiter dann im Intranet ansehen können. Kurz: Trockenschwimmen in Reinkultur. Einem dieser Unternehmen, das kurz zuvor über einhundert Mitarbeiter entlassen musste, hörte ich in einem Projektgespräch zu. Solange der Geschäftsführer anwesend war, lief das Gespräch freundlich und einigermaßen lösungsorientiert. Doch dann, Sie erinnern sich an meinen Traum einer Führungskultur?, geschah, was geschehen musste. Die Tür war noch nicht geschlossen, da begannen die Vorwürfe, Vorbehalte, Anschuldigungen, Verschleierungen.

Von einer vertrauensvollen Gesprächsatmosphäre, von professioneller Gesprächsführung oder gar einem Konfliktmanagement war nichts zu spüren. Nichts. Warum? Weil niemand den Schwarzen Peter haben wollte. Fühlte sich einer in die Ecke gedrängt, wurde sofort zur Verteidigung angegriffen. Nach neunzig Minuten nahm der Vertrieb frustriert den Papierstapel wieder unter den Arm und schlurfte enttäuscht aus dem Raum.

Was war der Grund? Die Führungskräfte hatten Angst, am Ende eines möglicherweise gescheiterten Projekts verantwortlich gemacht zu werden. Es fehlte am Vertrauen in die Führung. Die persönliche Führung ist gerade in Krisensituationen gefragt, dann, wenn es schwierig ist. Dann bedarf es einer situativen Intelligenz, die richtigen Fragen zu stellen und das Gespräch im wahrsten Sinne des Wortes zu „führen". Erlauben Sie mir, hier noch einmal die entscheidenden Werte für eine Vertrauenskultur zu nennen. Ehrlichkeit, Offenheit, Verlässlichkeit, Respekt und Mut. Vertrauen ist dabei keine Einbahnstraße, denn eine Vertrauenskultur lebt in beide Richtungen.

Herausforderungen setzen

Um eine Vertrauenskultur in einem Unternehmen zu etablieren, brauchen Sie vor allem viel Herzblut! Wer ist in Ihrem Unternehmen „das Herz"? Wer pumpt das Blut, die Energie in Ihr Unternehmen? Der Chef? Das Management? Die Mitarbeiter oder Ihre Kunden?

Das Herz ist gerade einmal faustgroß und zu unglaublichen Leistungen fähig. Es schlägt ohne regelmäßige Wartung immer im richtigen Takt und transportiert alle wichtigen Stoffe in jeden Teil unseres Körpers. Und das bereits sechs Wochen nach der Zeugung und dann siebzig bis achtzig Jahre lang. Wir vertrauen auf dieses Wunderwerk der Natur. Als Maschinenbauer geht mir da das Herz auf. Wahnsinn!

Das Herz ist stark, drückt Emotionen wie Liebe und Angst, Furcht und Freude in Herzklopfen aus. Ist jemand mit Herzblut dabei, so übernimmt diese Person mit voller Energie und vollem Einsatz ihre Aufgaben. Manchmal ist das Herz aus Stein oder es schlägt einem bis zum Hals, manchmal rutscht einem das Herz auch in die Hose. So wie Frank. Ein kleine Geschichte:

Ich treffe mich mit Frank zu unserem ersten Gespräch in meinem Büro. Dazu müssen Sie wissen, dass ich kurz zuvor als Interim Manager geholt wurde, um das Unternehmen im Vertrieb wieder in die Spur zu bringen.

„Herzblut ist der Antrieb"

An einem Besprechungstisch sitzen wir uns gegenüber und taschen bei Kaffee und Gebäck erste Nettigkeiten aus. Frank erzählt mir von sich und seinem Werdegang, seiner Arbeit und seiner Sicht auf seine Abteilung, das Unternehmen, die starke Konkurrenz und den schwierigen Markt. Frank ist eine ausgesprochene Frohnatur und er überzeugt mit einer natürlichen Gelassenheit. Das Gespräch kommt auf die schlechten Ergebnisse der letzten Jahre und schließlich auf das Ziel für das nächste Geschäftsjahr. Mit vielen Argumenten erklärt mir Frank auf meine Frage nach seinem Ziel, dass mehr als 30 m€ nicht machbar sein werden. Dann ist es still im Raum. Ich lehne mich etwas nach vorne, greife meine Kaffeetasse mit beiden Händen, schaue Frank direkt in die Augen und erwidere: „Hm, ich lege 50 % drauf, also 45 m€." Frank fällt nach hinten in die Lehne und stöhnt: „Wie soll das gehen? Bei dem Markt und dem Konkurrenzkampf. Das ist völlig unrealistisch!"

Aus seiner Sicht eine völlig plausible Reaktion, denn Frank hatte kein Erfahrungsmuster für diese Art von Zielen. Das löste Stress und Furcht bei ihm aus. Doch wovor fürchtet sich Frank und viel wichtiger: Wie kann Frank Vertrauen finden und die Herausforderung annehmen? Wandel ist eine alltägliche Herausforderung. Es ist nicht die Frage, ob sich Unternehmen verändern müssen, es ist nur die Frage, in welcher Geschwindigkeit das geschehen muss.

Die großen Herausforderungen sind schnell benannt und uns allen bekannt. Von Klimawandel über Digitalisierung hin zu aufstrebenden Mächten und Konkurrenten in aller Welt. Vieles bedroht unseren Wohlstand, der Klimawandel vor allem unsere Lebensgrundlagen. Die Probleme sind komplex und keiner weiß, wohin die Reise gehen soll. Eine Vision würde helfen und wird schmerzlich vermisst. Wann sind also die Voraussetzungen gegeben, dass Frank, dass SIE Vertrauen in einen Wandel finden und entwickeln?

Unterstützung bieten

Zurück zu Frank. Er sitzt mir gegenüber, und ich kann förmlich hören, wie seine Gedanken rattern. Wir konnten noch kein vertrauensvolles Verhältnis aufbauen. Gleichzeitig haben wir keine Zeit, Monate damit zu verbringen, Vertrauen zu bilden, um dann vielleicht irgendwann einmal ein Veränderungsprojekt zu beginnen. Dem Unternehmen ging es sehr schlecht, ein Betrieb wurde erst kurz vor meinem Eintritt geschlossen und die Geschäftsaussichten machten ein Handeln unerlässlich. Zumindest war unsere Beziehung nicht durch schlechte gegenseitige Erfahrungen der Vergangenheit belastet. Oft genug scheitert ein Verbesserungsprojekt allein deswegen.

Frank hat eine sehr große Herausforderung vor sich und weiß nicht, wie er sie bewältigen kann. Denn nicht nur das absolute Ziel, 50 % mehr Umsatz, sondern auch der Zeitraum ist mehr als herausfordernd. Deshalb gilt es jetzt, Unterstützung zu bieten. Unterstützung zu bieten, bedeutet nicht die Aufgabe an sich zu reißen. Es heißt auch nicht, so viele Aspekte einzuwerfen, dass Frank keine eigene Ideen kreieren kann. Auch wenn es schwerfällt: Wer Verantwortung hat, braucht auch die Freiheit, eigene Wege zu gehen. Führungskräfte haben die Aufgabe, die Entwicklung der eigenen Mitarbeiter zu unterstützen – und nicht alles selbst zu machen oder vorzugeben. Dafür haben die Mitarbeiter die Aufgabe, sich eigene Gedanken zu machen und Ideen zu entwickeln und nicht darauf zu warten, dass es eine neue Anweisung gibt oder der Chef jede Kleinigkeit entscheidet. Ich habe mich mit Frank für den nächsten Morgen verabredet, um seine Ideen zur Vorgehensweise zu diskutieren und die richtigen Steuerungselemente zu definieren.

Entwicklung zu unterstützen, braucht beiderseitiges Vertrauen. Manchmal muss dieses Vertrauen im täglichen Wandel aufgebaut werden. Echtes Vertrauen entsteht nicht bei schönem Wetter, sondern dann, wenn es eng und hektisch wird und Druck herrscht. Verlässlichkeit ist ein riesiges Pfund und schafft eine Menge Freiheiten. Das galt für uns beide. Für Frank und für mich. Frank brauchte das Gefühl, nicht nur in ein Feuer geschickt zu werden, um zu sehen, ob er es aushält. Er musste wissen, dass das Ziel hinsichtlich eines übergeordneten und größeren Ziels sinnvoll ist. Ich brauchte das Vertrauen, dass Frank sich für das Ziel reinhängt. Wie schon beschrieben ging es in diesem Unternehmen darum, Arbeitsplätze zu sichern.

„Vertrauen ist harte Arbeit"

Ein Bereichsleiter spricht einen Teamleiter im Jour fixe an: „Komm, das Projekt ist sehr wichtig. Da musst du dich richtig reinhängen, kann ich auf dich zählen? Das muss einfach klappen, der Vorstand will das unbedingt. Sprich mit deinen Leuten. Ich verlasse mich auf dich!" Der Teamleiter grübelt in den nächsten Tagen, wie er die neuen Anforderungen zur Reduzierung der Durchlaufzeiten realisieren kann. Es fällt ihm nichts ein. Immer wieder stößt er auf die Schere im Kopf. „Wie soll das gehen? Ich müsste das ganze Team umbauen, nur ist das wirklich ernst gemeint? Wie stehe ich da, wenn ich alleine loslege und auf halben Weg wieder alles zurückgepfiffen wird? Eigentlich ist das völlig unrealistisch. Am besten, ich lege mir ein paar Antworten parat und warte ab, wie es in den nächsten Tagen damit weitergeht."

Fehlende Unterstützung und Vertrauen in den Chef, dass dieses Projekt wirklich ernst gemeint ist und durchgezogen werden soll, sorgen gerade zu Beginn eines Wandels für große Unsicherheit. Es ist unmoralisch, einen Mitarbeiter „in einen Kampf zu schicken", wenn die Führungskraft selbst nicht bereit ist, dafür zu kämpfen und Unterstützung zu bieten. Ein großes Versäumnis.

Vor ein paar Tagen las ich, dass der Vorstand der Daimler AG[1] per „Brandbrief" Milliardeneinsparungen fordert. Wenn der Vorstand nur per Brief die Führungskräfte auffordert, doch mal wieder mit den Mitarbeitern zu sprechen, dann zeugt das vor allem von Arroganz und dem Versäumnis, echte Führung zu leben. Oder wie die FAZ in einem Kommentar zum gleichen

1 Brief an Führungskräfte – Vorstand fordert Milliardeneinsparungen, https://www.spiegel.de/wirtschaft/unternehmen/daimler-vorstand-fordert-milliarden-einsparungen-a-1288162.html – abgerufen am 26.09.19

Thema titelte: „Aufwachen, Daimler[2]".

Es ist schwer, wenn nach fast einem Jahrzehnt immer steigender Ergebnisse und fehlender Kulturentwicklung, auf einmal der Wind von vorne bläst.

Vertrauen gewinnen

Vertrauen ist scheinbar in unserer Gesellschaft etwas Selbstverständliches geworden. Jeden Tag hören wir im Fernsehen und Radio Sätze wie „Der Wähler hat uns sein Vertrauen geschenkt" oder lesen in der Zeitung darüber. Die Werbung säuselt etwas von „Vertrauen in Bauen" oder „Kompetenz schafft Vertrauen[3]". Nur: Stimmt das auch? Oder ist Vertrauen inzwischen zu einem Begriff verkommen, der herzlos für jeden und für alles steht und damit gar keinen Inhalt mehr hat?

Immer und überall, in Unternehmensbroschüren, in Sonntagsreden, beim Elternabend oder beiläufig in einer Beziehung wird Vertrauen ausgesprochen oder eingefordert. Sprechen wir zu schnell von Vertrauen und verschenken wir es leichtfertig, weil wir nicht an der Beziehung arbeiten wollen? Denn Vertrauen ist nicht einfach da und fällt auch nicht vom Himmel, sondern muss von uns, mit Ausnahme des Urvertrauens, erschaffen werden. Es ist ein Stück Arbeit, eine vertrauensvolle Beziehung aufzubauen, die viel Empathie, klare Kommunikation und Verlässlichkeit erfordert.

Vertrauen ist ein Grundbedürfnis des Menschen. Vertrauen schafft Freiheit, weil wir keine Kontrolle ausüben müssen, denn Vertrauen und Kontrolle sind Gegenpole. Wie oft sagen wir unseren Kindern, dass wir ihnen vertrauen, kontrollieren dann aber doch, ob die Sachen gepackt oder die Hausaufgaben erledigt sind. Oder geben Mitarbeitern eine Aufgabe und „vertrauen" auf ein sehr gutes Ergebnis, nicht ohne uns bei allen möglichen Kollegen Informationen dazu einzuholen.

Seien wir ehrlich! Mit uns, dem Partner, den Mitarbeitern,

---

2 https://www.faz.net/aktuell/wirtschaft/unternehmen/daimler-und-die-gefahr-vom-wandel-in-der-automobil-branche-16399579.html – abgerufen am 27.09.19
3 https://www.slogans.de/slogans.php?GInput=vertrauen&SCheck=1 abgerufen am 24.07.2019.

Kollegen und Vorgesetzten und vor allem mit unseren Kindern. Das erfordert Mut, Klarheit und Empathie. Kontrolle zu unterlassen und Vertrauen zu schenken ist das Einverständnis, positive Überraschungen erleben zu wollen und negative hinnehmen zu können.

„Ehrlichkeit bedeutet, dem anderen etwas zuzumuten"
Wir brauchen das Vertrauen in die Sicherheit in einer Gruppe, ob es nun die Familie, eine größere Organisation oder der Staat ist. Das bewusste Abgeben von Kontrolle ermöglicht es uns, die freigewordene Energie für die eigene Entwicklung, die der Familie oder der Gruppe einsetzen zu können. Für uns ist Sicherheit dank eines Mindestmaßes an Vertrauen in staatliche Institutionen selbstverständlich. Schauen Sie sich aber einmal in der Welt um, was es bedeutet, wenn dieses Vertrauen nicht vorherrscht, und welche Konsequenzen daraus drohen. Vertrauen bedeutet, bewusst Kontrolle gegen die Möglichkeit, enttäuscht zu werden, einzutauschen.

In einer eng vernetzten Welt stellt sich nicht die Frage, ob wir Kontrolle ausüben (können). Die Frage lautet: In welchen Bereichen schaffen wir eine Vertrauensbasis, in der wir Kontrolle minimieren können – mit allen damit zusammenhängenden Aufwänden in Zeit und Geld? Vertrauen bedeutet nicht Leichtgläubigkeit. Leichtgläubigkeit ist die fehlende Initiative, noch eine Frage zu stellen und nicht mit der erstbesten Antwort zufrieden zu sein. Leichtgläubigkeit ist schlicht Bequemlichkeit, die hindert, nachzufragen und Vertrauen zu rechtfertigen. Nichts ist umsonst in dieser Welt. Vertrauen in andere Personen, Gruppen, Unternehmen oder staatliche Organisationen muss erarbeitet werden. Menschen sind soziale Wesen und finden oft erst in Beziehungen ihr Vertrauen und ihre Aufgabe. Vom ersten Moment an im Leben, also noch vor der Geburt, sind wir mit unserer Mutter in einer engen, fast symbiotischen Beziehung. Diese Beziehung findet ihr Vertrauen allein darin, dass das Kind der Mutter für einen langen Zeitraum nur vertrauen kann. Es hat keine andere Möglichkeit, als zu vertrauen und zu lächeln. Das

Lächeln ist der erste Ausdruck des kleinen Menschen, seine Verbundenheit mit der Mutter und später mit dem Vater auszudrücken. Dieses Lächeln als Vertrauenszeichen nehmen wir mit ins Leben. Denn wenn uns jemand Fremdes begegnet und wir dabei lächeln, ist die Begegnung leichter, als wenn wir unseren Mitmenschen missmutig begegnen.

Es reicht aber nicht aus, immer nur freundlich zu sein und Rücksicht zu nehmen. Es ist wichtig, den anderen herauszufordern und zu fördern. Die wichtigste Voraussetzung für die Bildung von Vertrauen ist, Werte wie Ehrlichkeit, Offenheit, Verlässlichkeit, Mut und Respekt im Umgang mit anderen Menschen zu leben.

Was heißt das? Jeder hat seine eigene Deutung dieser Werte, die von Erfahrungen und Einstellungen geprägt sind. Es bedarf einer großen Portion Mut, diese Werte zu leben. Denn wir sind ein offenes Wort nicht (mehr) gewohnt. Zur Orientierung hier meine Deutung der genannten Werte:

Ehrlichkeit – was ich sage, ist wahr.

Offenheit – was ich weiß und sagen darf, das sage ich auch.

Verlässlichkeit – was ich zusage, das halte ich ein.

Sollte das nicht möglich sein, sage ich das unmittelbar. Bin ich mir nicht sicher, ob ich die Zusage einhalten kann, lege ich die Einschränkungen offen.

Mut – ich treffe Entscheidungen, die mehr Personen nützen als schaden.

Respekt – ich begegne allen grundsätzlich respektvoll. Dem eigenen Kind, Chef, Partner oder der Reinigungskraft im Büro.

Das klingt für Sie wie ein Manifest? Ja, vielleicht ist es das. Aber stellen Sie sich einmal vor, es wäre die Regel und nicht die Ausnahme, auf diese Weise zu handeln und zu kommunizieren. Die Welt wäre ein besserer Ort – lassen Sie uns sofort damit beginnen!

Vertrauensfähigkeit und Vertrauenswürdigkeit sind Voraussetzungen, um über viele Jahre gemeinsam leben, arbeiten und erfolgreich sein zu können. Vertrauen ist kein fixer Zustand, sondern ein kontinuierlicher Prozess, an dem beide Seiten

immer wieder arbeiten müssen. Nur dann kann Vertrauen auf-
rechterhalten bleiben. Oft ist es schwer, sich daran zu erinnern,
das Vertrauenskonto immer wieder aufzufüllen. Selbstsicherheit
ist eine gute Basis, um dem Partner einen Vertrauensvorschuss
zu geben.

„Wenn mir schon niemand vertraut, dann tue ich es eben selbst"

Echtes Vertrauen kann nur entstehen, wenn Vertrauensfähigkeit
und Vertrauenswürdigkeit auf beiden Seiten zusammentreffen.
Fehlt ein Element auf einer Seite, wird es nichts mit dem Vertrauen, zumindest nicht dauerhaft. Anderen zu vertrauen ist anstrengend und endet in Enttäuschung, wenn die Voraussetzungen nicht auf beiden Seiten geschaffen sind.

Die Vertrauensfähigkeit einer Person hängt sehr stark von
dem Selbstvertrauen ab, gespeist aus positiven Erfahrungen von
anderen. Vertrauenswürdigkeit hingegen hängt stark vom eigenen Handeln ab. Wenn ich meine Kinder immer wieder zu spät
abhole oder Verabredungen nicht einhalte, darf ich mich nicht
wundern, wenn keiner mehr meinen Zusagen glaubt.

Es zahlt sich also in Vertrauen aus, Werte zu definieren und
sie zur eigenen Leitlinie zu machen. Wer seinen positiven Werten folgt, der strahlt eine natürliche Ruhe und Gelassenheit aus
und wird gerade deswegen als vertrauenswürdig wahrgenommen.

„Sinn schafft Sicherheit bei schwierigen Entscheidungen"

Leider konnten nicht alle Menschen in ihrer frühen Kindheit
(genügend) Selbstvertrauen entwickeln. Die möglichen Gründe
dafür sind so vielfältig, wie die Menschen einmalig sind. Es ist,
so glaube ich, die Aufgabe von Psychotherapeuten der unterschiedlichsten Teilgebiete bei solchen Menschen gesundes
Selbstvertrauen freizulegen.

Die zweite Möglichkeit besteht darin, sich ganz gezielt an
schwierige Situationen zu erinnern. Reflektieren Sie Ihre Befürchtungen, indem Sie sich bewusst machen, was Ihnen aus
dieser Situation herausgeholfen hat. Wie haben Sie Ihre Stärke

wiedergewonnen, was haben Sie eigenständig getan?

Sie können, drittens, in die Zukunft schauen. Dort ist der Teil des Lebens zu finden, der noch zu gestalten ist. Was wollen Sie erreichen? Mit welchem letzten Gedanken wollen Sie diese Erde wieder verlassen?

Auf den Punkt gebracht: Welche Vision haben Sie? Wo wollen Sie in fünf oder zehn Jahren sein?

Für diese Art der Sicht auf die eigene Gestaltungsfähigkeit des Lebens und des Selbstvertrauens sind Werte unerlässlich. Es gilt also vor allem die Frage zu beantworten: Welche Werte treiben Sie an und was bedeuten Ihnen diese?

Und, wie auch immer Ihre Werte sind: Gehen Sie mit einem Lächeln in die Welt, und die Menschen werden Ihnen schneller vertrauen.

Kraft – bringt uns alle in Bewegung

Claudia Nover

Profil – Claudia Nover

Unternehmensgründerin, Speaker, Business Coach, Yogalehrerin – Claudia Nover hat viele Facetten. Die Expertin für mentale Gesundheit und Embodiment verfügt über 25 Jahre Berufserfahrung in Konzernen und mittelständigen Unternehmen. Aufgrund einiger Turbulenzen im Leben und Stress im Beruf hat sie selbst erfahren, was es heißt, wenn Körper und Geist überlastet sind und Zeichen senden.

Ziel ihrer Arbeit ist es, Körper, Seele und Geist zu verbinden und so die Menschen zum Erfolg zu führen.

Kraft – bringt uns alle in Bewegung

Sicherlich kennen Sie das Gefühl, müde und erschöpft zu sein. Es kann sich durchaus positiv anfühlen, nach einem langen, anstrengenden Arbeitstag zu wissen, dass man heute wieder das Beste gegeben hat.

Eine lange Autofahrt, die Konzentration auf Dinge, die unsere volle Aufmerksamkeit beanspruchen – all das strengt uns an und zehrt an unseren Kräften. Kraftlosigkeit äußert sich aber nicht nur in Form von Müdigkeit und Erschöpfung. Auch Gereiztheit, nervliche Anspannung, Ideenlosigkeit, Hoffnungslosigkeit bis hin zu traurigen Momenten und depressiven Verstimmungen sind Zeichen von Kraftlosigkeit.

Auf körperlicher Ebene leiden wir vielleicht unter Antriebsschwäche. Dann fällt es schwer, einen Termin einzuhalten; oder die Arbeiten im Haushalt zu erledigen. Je nach Ausprägung kann dem Betroffenen jeder Gang schwer fallen. Auch das hat mit Kraftlosigkeit zu tun. Antriebslosigkeit und fehlende Motivation macht sich breit.

Das ganze Körpersystem kann von Kraftlosigkeit beeinträchtigt werden. Jeder Mensch ist individuell, die Zeichen können demzufolge ganz unterschiedlich ausfallen. Das, was mich müde macht und sich vielleicht auf muskulärer Ebene derart auswirkt, dass ich nicht die Kraft habe, jeden Tag eine sportliche Leistung zu absolvieren, macht sich bei dem nächsten Menschen auf andere Art und Weise bemerkbar. Er leidet vielleicht unter einer immer wiederkehrenden Migräne, während der nächste unter Schlaflosigkeit leidet, nicht zur Ruhe kommt, sein Körpersystem nicht entspannen kann. Das führt zum einen zu Kraftlosigkeit, ist zum anderen aber auch ein wichtiges Zeichen des Körpers, ein Signal – wenn nicht gar ein Hilferuf. Reagiert unser Körper bereits mit diesen Zeichen, indem er uns Signale sendet oder Antworten liefert auf momentane Gegebenheiten, Situationen, Zustände, wir aber nicht darauf reagieren, sondern diese Zeichen ignorieren, dann kann es leider tatsächlich zu einer andauernden Erschöpfung kommen. Man spricht gerne von einem Burnout, wobei dieser Begriff nicht genau definiert ist. Auch hier wieder: Jeder ist individuell, und die Zeichen sind so unterschiedlich, wie sie unterschiedlicher nicht sein könnten. Wenn wir aber nicht auf unseren Körper hören, ihn oder die Zeichen ignorieren, dann steuern wir eventuell auf eine Verschlechterung unseres Energiehaushaltes zu. Wir sind gefragt, hier genauso tätig zu werden, wie wir auch seine übrigen Bedürfnisse erfüllen: mit vollwertiger und ausgeglichener Ernährung, mit ausreichend Flüssigkeitszufuhr und Schlaf, mit Körperhygiene. Energie- und Kraftlosigkeit können sich beispielsweise in folgenden Körperbereichen und Beschwerden äußern:

• in den Gelenken (schmerzende Gelenke, Arthrose etc.)
• im Muskel- und Skelettapparat (Verspannung und Verhärtung, Rücken- und Nackenschmerzen)
• in den Organen, zum Beispiel Herz, Herz-Kreislauf-System, Entgiftungsorganen wie Leber und Niere (Herzrhythmusstörungen, Nierensteine etc.)
• im Hormonsystem (sinkende Libido, Ausbleiben der Regelblutung etc.)
• im Immunsystem (immer wiederkehrende Entzündungen, regelmäßige grippale Infekte, etc.)

Ich möchte mit meinem Beitrag Wege und Möglichkeiten aufzeigen, wie wir uns Resilienz erarbeiten und auf unseren Körper achten können. Wie es möglich ist, eine gewisse Sensibilität dafür zu entwickeln, und wie wir aufmerksam unserem Körper, unserem Befinden und unserem Wohlbefinden begegnen können. Ich möchte nicht nur vor Augen führen, was uns im Leben und im Alltag Kraft kostet, sondern vor allem Möglichkeiten vermitteln, wie wir Kraft tanken können.

Das sieht bei jedem Menschen anders aus, denn wir alle haben Präferenzen, Vorlieben, und jeder Körper, jeder Organismus reagiert ganz individuell auf einzelne Maßnahmen. Wenn wir in unserer Kraft sind, können wir unser volles Potenzial ausschöpfen. Es sind unsere körpereigenen Ressourcen, auf die wir zurückgreifen können.

Wenn wir unseren Körper kennen, ihn respektieren und ihm achtsam begegnen, ist es uns möglich, ein ausgeglichenes Leben in voller Power zu genießen. Wenn wir die Ressourcen kennen und wissen, woher wir unsere Kraft nehmen können, ist es uns möglich, in allen Lebensbereichen ein erfolgreiches, erfülltes und zufriedenes Leben in Balance zu führen.

Der erste Schritt sollte sein, sich genau mit dem Körpersystem zu befassen. Einfach mal den Körper, die Psyche und die mentale Seite beleuchten, tief in sich hineinfühlen:

- Was fällt mir leicht, womit tue ich mir schwer?
- Wie oft war ich krank beziehungsweise arbeitsunfähig?
- Wie ist meine Schlafqualität?
- Wie ist meine Laune? Bin ich ausgeglichen oder gelegentlich gereizt?
- Wie sieht es mit meiner Motivation aus? Stellt es kein Problem dar, neue Dinge zu beginnen und auch durchzuhalten, oder kann ich mich selbst nur schwer motivieren?

Halten Sie diese Punkte schriftlich fest, beispielsweise in einem Tagebuch. Wenn wir die Dinge visualisieren und uns damit auseinandersetzen, erhalten wir oftmals mehr Klarheit. Aus den Antworten lässt sich schnell ableiten, was uns Kraft raubt, wer in unserem Leben Krafträuber ist und wo wir Kraftspender herbekommen. Selbstverständlich machen Krankheiten vor niemandem Halt. Dazu kommen äußere Einflüsse wie erbliche Belastungen und Verletzungen. Doch gerade wenn wir wissen, was uns Kraft gibt, wenn wir auf unseren Körper hören und ihn pflegen, ihn in der Regeneration unterstützen, dann ist das richtige Körperempfinden ein ganz kostbarer Schatz, den wir in uns tragen. Es ist eine wertvolle Erkenntnis: Das Wissen über unseren Körper kann uns in ein ausgeglichenes und kraftvolles Leben führen.

Wo wir Kraft verlieren

Jeder von uns hat sich schon mal in seinem Leben kraftlos gefühlt. Dafür gibt es unterschiedliche Ursachen. Wenn wir viel arbeiten, wenn wir viel Verantwortung tragen, schnelle Entscheidungen treffen müssen, kostet uns das Kraft. Krankheit ist ein weiterer Faktor, der uns sehr, sehr viel Kraft kostet, ebenso die Regeneration nach einer Krankheit. Wir alle wissen, wie lange es nach einer schweren Erkältung dauern kann, vollständig zu genesen und die alte, gewohnte Kraft wiederzuerlangen.

Zudem gibt es unterschiedliche Zeichen der Kraftlosigkeit. Manchmal kommt man abends nach Hause und verspürt eine Leere. Wie wenn ein kleiner Vampir uns die Energie aus dem Körper gesaugt hätte. Und es gibt diese Arbeitstage, wo alles zäh ist. Entscheidungen können nicht getroffen werden, Projekte kommen nicht voran, ein Leistungsträger fällt aus. Man hat das Gefühl, nichts funktioniert und alles kommt zum Stocken, der Arbeitstag kostet genauso viel Kraft und Energie, wie wenn der Kalender voll gewesen wäre mit Terminen und Projekten und schnell getakteten Sitzungen.

Wenn wir das berufliche Umfeld, in dem wir vermeintlich die meiste Kraft aufwenden, jetzt verlassen, so treffen wir im privaten Bereiche erneut auf Krafträuber. Zu Hause, im Kreis der Familie, gleichgültig, ob kleine Kinder im Haushalt leben oder gar pflegebedürftige Familienangehörige, gibt es eine Menge familiärer Konstellationen, die enorme Energie verbrauchen. So gibt es anstrengende Familienmitglieder, die regelmäßig unsere Aufmerksamkeit erfordern, die Hilfe benötigen oder die uns ständig um Rat bitten, die immer wieder von uns Entscheidungen verlangen. All das kostet uns Kraft.

Im sozialen Umfeld gibt es Menschen, die gerne unsere Energie (oftmals unbewusst) anzapfen. Sie teilen mit uns ihre Sorgen und Nöte und geben gerne negative Energien, Stimmungen und Konflikte an uns ab. Danach gehen sie nach Hause, haben ihr Herz ausgeschüttet und das „Päckchen" bei uns gelassen. Wir verbringen Zeit damit, nach Lösungen und Empfehlungen für sie zu suchen. Das kostet ebenfalls Kraft.

Kraft und Energie lassen wir demzufolge nicht nur in unserem Berufsleben, sondern auch auf der sozialen Ebene, im Familienbund, im Freizeitbereich oder gar auf gesundheitlicher Ebene. Überall werden unsere Kraft, unsere Energie und unsere Power benötigt. Aber auch dort sind einige Kraftspender zu finden. Dazu werde ich später kommen.

Wofür wir überhaupt Kraft benötigen

Jetzt, wo wir wissen, was uns alles Kraft kostet, wofür wir unsere Kraft aufwenden, sollten wir die Frage stellen, wozu wir überhaupt Kraft benötigen und wieviel davon notwendig ist.

Im Yoga spricht man von Prana, der Lebensenergie. Es gibt bei den Asiaten das Chi, die Lebenskraft. Es wird beispielsweise im Qigong und Reiki zum Fließen gebracht. Alles ist miteinander vergleichbar, und es gibt eine, wie ich es ausdrücke, universelle Kraft, die uns gegeben ist. Eine Energiequelle, die uns von Geburt an begleitet, mit der wir wirtschaften und haushalten können, die wir nähren und unterstützen können und von der wir auch zehren. Man kann es mit einem Gefäß vergleichen, das einen gewissen Pegel hat. Aus diesem Gefäß wird die Kraft für unseren Alltag und unser Leben geschöpft. Das Gefäß muss immer wieder aufgefüllt werden, denn aus einem leeren Gefäß kann nichts geschöpft werden.

Chi, Prana oder Lebensenergie, es ist nicht wichtig, wie die Bezeichnung für die Energie ist, sondern dass wir wissen, was uns Energie spendet und was Energie kostet. Beispielsweise benötigen wir Energie, um uns zu bewegen. Man kann sich die Muskelzellen vorstellen wie kleine Kraftwerke[1]. Alle Bewegungsabläufe, alle körperlichen Tätigkeiten, unsere Gedanken, alles wird mit Energie versorgt und geht von Energie aus. Wir

---

[1] Dafür steigert der Muskel die Zahl und die Größe seiner Mitochondrien. In den als Kraftwerke der Zelle bezeichneten Gebilden befindet sich ein komplexes Enzymsystem, das Zucker oder Fettsäuren mithilfe von Sauerstoff zerlegt - und dadurch den Zellen Energie zur Verfügung stellt. Daneben besitzen ausdauertrainierte Muskelzellen deutlich größere Glykogenspeicher, in denen sie Kohlenhydratvorräte anlegen können.
Quelle: https://www.spiegel.de/gesundheit/ernaehrung/ausdauertraining-und-muskeln-duenn-aber-energiereich-a-975522.html

benötigen Energie, um unsere Körperfunktionen aufrecht zu erhalten. Sportliche Tätigkeiten erfordern Energie.

Wir benötigen zudem Energie, um uns gegen äußere Einflüsse zu schützen. Dies sind zum einen äußere Umwelteinflüsse wie beispielsweise Luftverschmutzung oder hohe Belastung durch Lärmbelästigung. Zum anderen gibt es Menschen mit schlechten Energien, die unsere Energie anzapfen wollen, sowie Menschen, die uns sehr viel Energie kosten, weil sie enorme Aufmerksamkeit benötigen oder anstrengende Verhaltensweisen wie Angeberei oder ständige Nörgelei an den Tag legen. Für all das benötigen wir Chi, Prana oder die Lebensenergie. Diese Energie muss im Fluss bleiben und ausbalanciert sein.

In der Traditionellen Chinesischen Medizin (TCM) wird das Chi wie folgend erklärt: Chi bedeutet Energie, Luft, Atem, Wind, Lebenskraft und Lebensenergie. Qi (oder auch Chi) ist ein abstraktes Wort für etwas Unfassbares. Qi ist ständig in Bewegung, also fließend, bringt Veränderungen hervor. Jede Verlangsamung oder Stagnation des Fließens führt zu einer Störung der Lebensvorgänge.[2]

Die Chinesen haben keine direkte Definition von Qi, weil es sich um eine ständig fließende und wandelnde Größe handelt. Beim Menschen ist das Qi in den Organen und fließt durch alle Bahnen, auch Meridiane genannt, im Körper.

Im traditionell chinesischen medizinischen Verständnis gibt es zwei wesentliche Quellen an Qi in uns Menschen:

• Vorgeburtliches Qi (Ursprungs-Qi), wir bekommen es bei der Zeugung von unseren Eltern mitgegeben. Dieses Qi ist die Reserve. Eine Theorie besagt, dass jedem Menschen Qi für etwa 100 bis 120 Lebensjahre mitgegeben wurde. Wie alt man tatsächlich wird, ist davon abhängig, wie gleichmäßig das Qi fließen kann. Ernährung, Bewegung und innere Harmonie tragen viel zu einem langen, gesunden Leben bei.

---

2 Quelle: „Stefanie Arend - Yin Yoga Der sanfte Weg zur inneren Mitte"

• Nachgeburtliches Qi können wir immer wieder aufs Neue gewinnen. Es ist das Qi, das wir tagtäglich benötigen und sich durch die aufgenommene Nahrung, die Atmung, den Schlaf und das Sonnenlicht erneuert. Außerdem können Tai Chi, Qigong, Yoga und Meditation Qi erzeugen.

Anhand eines Beispiels möchte ich dies nun veranschaulichen: Ihr Tag war stressig. Sie haben abgestandene Büroluft eingeatmet, haben vor lauter Stress flach geatmet (bei Stress atmen wir flacher), zum Essen gab es aufgewärmte Fertigprodukte (Fertigprodukte enthalten kein/kaum Qi) und eine Pizza auf dem Heimweg, einige Tassen Kaffee haben Sie munter durch den Tag gebracht, und weil Sie nicht abschalten können, schlafen Sie spät ein, Ihr Schlaf ist unruhig. Sie haben das nachgeburtliche Qi nicht genährt, also ist diese Energie verbraucht. Das stellt kein Problem dar, weil sich der Körper dann einfach aus seinem Speicher, dem vorgeburtlichen Qi, bedient. Ein automatischer Vorgang, den Sie nicht bemerken. Im Laufe der Zeit verringert sich das vorgeburtliche Qi allerdings, und wenn es aufgebraucht ist, ist das Leben zu Ende. Wenn Sie Glück haben, teilt Ihnen Ihr Körper rechtzeitig mit, dass seine Reserven zu stark angegriffen werden beziehungsweise ein Mangel an Qi vorherrscht. Anzeichen sind Müdigkeit, Erschöpfung, Mutlosigkeit, Ödeme, Infektanfälligkeit (ständiger Schnupfen), Kälteempfinden, Verlust des Interesses, und so weiter.

Es ist demnach wichtig, dass man das Qi immer wieder auffüllt, was am besten über die Ernährung gelingt. Mit den richtigen Nahrungsmitteln kann man das Qi in Fluss halten.

Woraus wir Kraft schöpfen können

Einen großen Anteil an der täglichen Energiezufuhr hat die Ernährung. Optimalerweise wird die Nahrung frisch zubereitet, und es wird auf Fertigprodukte verzichtet. Die Kost sollte regional angebaut sein, um Frische zu garantieren. Die Lebensmittel sollten nahrhaft, ausgewogen und nährstoffreich sein.

Vegetarisch, vegan, glutenfrei – es gibt mittlerweile unzählige Ernährungsformen, die sich auf den jeweiligen Geschmack, die Vorlieben, die eigene Philosophie sowie Unverträglichkeiten abstimmen lassen. Jeder Mensch ist individuell, und so sollte auch seine Ernährungsform sein. Es ist schwierig, Empfehlungen auszusprechen. Der Verzicht auf Fertigprodukte sollte jedoch selbstverständlich sein. Auch wenn oftmals Zeitmangel und Bequemlichkeit als Grund vorgeschoben werden, so sind doch Fertigprodukte und Tiefkühlkost so gut wie befreit von Energie. Und mit der Nahrung wollen wir unserem Körper ja gerade Energie zuführen.

Ein Beispiel:
Die Kartoffel, direkt vom Feld geerntet, ist noch voll mit Chi, der Energie. Natürlich können wir die Kartoffel nicht roh essen und müssen sie verarbeiten. Wenn sie aber auf direktem Wege verarbeitet wird, zum Beispiel gekocht, ist das Chi, der Energiegehalt, bedeutend höher, als wenn die Kartoffel weiter verarbeitet wird und etwa in Form von Kartoffelchips oder einem Kartoffelauflauf bei uns landet. In diesen Fertigprodukten ist so gut wie nichts mehr an Chi aufzufinden. Das heißt, je gehaltvoller wir uns ernähren, aus frischen regionalen Produkten, desto mehr Energie können wir aufnehmen. Im Übrigen ist der Zeitaufwand, eine Tiefkühlpizza aufzubacken (15 bis 20 Minuten), der gleiche, wie wenn ein köstlicher Salat mit Kräutern und weiteren nahrhaften Zutaten wie Tomaten, Nüssen etc. zubereitet wird.

Nicht nur eine ausgewogene Nahrungszubereitung kann den Energiehaushalt des Körpers optimal unterstützen, sondern gegebenenfalls auch Ernährungsformen nach der TCM oder dem

Ayurveda. Hier wird die jeweilige Körperkonstitution berücksichtigt und im Ayurveda nach Doshas[3] (Vata, Pitta oder Kapha) und in der TCM nach Elementen (Holz, Erde, Wasser, Metall und Feuer) eingeteilt. Die Ernährung wird entsprechend abgestimmt. Je nach Typ gibt es beispielsweise eine leichte mediterrane Kost oder nur schwach erwärmtes Essen. Hier empfiehlt es sich sehr, einen Ratgeber oder Ernährungsberater zu Rate zu ziehen, welche Ernährungsform geeignet ist.

Wenn wir das aber im Zusammenhang mit Kraft- und Energiegewinnung betrachten, wird sehr schnell deutlich, welchen Handlungsspielraum es in puncto Ernährung gibt. Wenn man beispielsweise regelmäßig Nahrungsmittel zu sich nimmt, die gar nicht zur Körperkonstitution passen beziehungsweise ungeeignet sind, wird ganz eindeutig Energie verschwendet oder kann gar nicht erst aufgenommen werden.

Atmung

Wir nehmen die Energie auch aus der Atemluft auf. Hier versteht sich von alleine, je unbelasteter der aufgenommene Sauerstoff ist, desto besser ist er für unseren Körper verwertbar.

Selbstredend, dass die Sauerstoffkonzentration, die wir bei einem Waldspaziergang aufnehmen, um ein Vielfaches höher ist, als wenn wir uns im innerstädtischen Bereich bewegen, wo die Luft mit Abgasen und sonstigen Schadstoffpartikeln belastet ist. Denn der Körper muss diese Schadstoffpartikel, die aufgenommen werden, erst von der Atemluft trennen und reinigen, dafür benötigt er Energie.

---

3 Dosha bzw. Doscha (doṣa) ist ein zentraler Begriff im Ayurveda, der aus dem Sanskrit stammt und wörtlich 'Fehler' bedeutet, aber übersetzt werden kann mit ‚das, was Probleme verursachen kann'. Die drei Doshas – Vata, Pitta und Kapha – werden fälschlicherweise als Lebensenergien bezeichnet. Die Doshas verleihen dem Menschen seine individuelle Konstitution, und sie regulieren seine körperliche und geistige Funktion. Jeder Mensch wird danach mit einer ihm eigenen Konstitution (Prakriti), das heißt einer nur ihm eigenen Mischung der drei Doshas geboren. Diese wird durch die Konstitution der Eltern sowie durch den Zeitpunkt der Empfängnis und weiteren Faktoren bestimmt.
Die bei der Geburt festliegende Konstitution (Prakriti) stellt für die jeweilige Person die individuelle Norm eines ausgeglichenen Zustandes dar. Dabei kann durchaus eines der drei Doshas stark überwiegen, zum Beispiel bei einer Vata-Konstitution. Erst wenn das Gleichgewicht der Doshas relativ zur Konstitution ins Ungleichgewicht gerät, was durch schlechte Angewohnheiten, falsche Ernährung, Überarbeitung usw. geschehen kann, entsteht ein unnatürlicher, potentiell krank machender Zustand (Vikriti), und man wird anfällig.
Im Ayurveda wird angestrebt, den Zustand der Prakriti aufrechtzuerhalten. Im Falle einer Erkrankung wird die Krankheit im Ayurveda im Hinblick auf die Konstitution bzw. auf ein aus dem Gleichgewicht geratenes Dosha behandelt, und zwar so, dass der Zustand des individuellen Gleichgewichts wiederhergestellt wird.
Quelle: Wikipedia

Es gibt unterschiedliche Atemtechniken, die den Körper kräftigen, den Geist beruhigen und natürlich den Sauerstoffgehalt des Blutes positiv unterstützen.

Ob nun bewusst spezielle Atemtechniken eingesetzt werden oder einfach der Fokus auf einer tiefen und intensiven Atmung liegt, ist für die Energieaufnahme unbedeutend.

Wichtig ist, dass wir mit bewusst tiefen und langen Atemzügen die Sauerstoffaufnahme im Blut bedeutend erhöhen. Unser Herz-Kreislauf-System profitiert davon, denn es gelangt über die Atmung mehr Sauerstoff ins Blut, das wiederum den ganzen Körper versorgt. Die Organe, das Herz, das Gehirn, die Nerven und die Muskeln profitieren enorm von einer erhöhten Sauerstoffkonzentration. Mehr Energie steht dem Organismus zur Verfügung.

Sport und Bewegung
Wie bereits erwähnt, ist eine regelmäßig tiefe Atmung sehr energiebringend für den Körper. Mit Bewegung und Sporteinheiten jeglicher Art unterstützen wir den Atemapparat, und die Lungen werden trainiert.

In Stresssituationen neigen wir zu kurzen und flachen Atemzügen. Die Lungen werden nicht ausreichend belüftet, und die Sauerstoffkonzentration im Blut ist niedrig. Das führt zu Ermüdung und Konzentrationsschwierigkeiten bis hin zu Kopfschmerzen. Immer wieder ermuntere ich meine Klienten, regelmäßig am Tag Atempausen einzulegen. Sich ganz bewusst einige Minuten Zeit für lange und tiefe Atemzüge zu nehmen. Der Geist wird erfrischt, die Nerven können sich beruhigen, und der Körper kann entspannen.

Maßvolle Bewegung und Sport, der regelmäßig praktiziert wird, sind ein Energielieferant. Dabei werden:

- die Kondition verbessert,
- der Körper gekräftigt,
- die Muskeln gedehnt,
- der Stoffwechsel angekurbelt,
- die Nerven beruhigt,
- das Herz-Kreislauf-System trainiert,
- die Schlafqualität verbessert und
- der Hormonstoffwechsel ausbalanciert.

Yoga, Qigong und Tai Chi
Yoga, Qigong und Tai Chi können nicht direkt miteinander verglichen werden. Es sind fernöstliche Bewegungsarten, Methoden und -philosophien. Es ist ausreichend Fachliteratur verfügbar, um sich mit den jeweiligen Einzelheiten vertraut zu machen. Auch das Angebot an Yogastudios und Tai-Chi-Schulen ist breit gefächert und auf die unterschiedlichsten Bedürfnisse abgestimmt. Es gibt so viele unterschiedliche Traditionen, dass selbst langjährige Yogalehrer immer wieder mit neuen Stilrichtungen konfrontiert werden. Keinesfalls möchte ich versuchen, Vergleiche zu ziehen, da Vergleiche nicht möglich beziehungsweise zulässig sind. Mir geht es an dieser Stelle um einen ganz besonderen Aspekt, nämlich die Energie.

Yoga ist etwa 3.000 Jahre alt, stammt aus Indien und wird meist übersetzt mit „Vereinigung" oder „Verbindung". Viele denken bei Yoga an Lifestyle-Hippies, die akrobatisch anmutende Übungen ausführen und ab und zu „Om" von sich geben. Bei Yoga handelt es sich ursprünglich um eine indische Lebensphilosophie mit Verbindung zum Hinduismus und Ayurveda. Die philosophischen Grundlagen wurden vor allem von Patanjali, der Bhagavad Gita und den Upanishaden geprägt. Im Wesentlichen ist Yoga eine Kombination aus körperlichen Übungen, Atemtechniken (Pranayama), Meditation sowie Verhaltensempfehlungen gegenüber sich selbst (Niyamas) und gegenüber der Umwelt und den Mitmenschen (Yamas).
    Es gibt unzählige Yogastile. Diese reichen von fließenden

Bewegungen, athletischen Übungen, einer körperkräftigenden und statischen Praxis bis hin zu sehr spirituellen und philosophischen Stunden.

Qigong – „schi gung" ausgesprochen – hat circa 3.000 Jahre alte chinesische Wurzeln und kann unter anderem übersetzt werden mit „die Fähigkeit, das Qi zu nutzen". Qi steht für Lebensenergie oder Vitalkraft; um es zu stärken, bedient sich Qigong je nach Schule und Stil daoistisch-buddhistisch-konfuzianistisch geprägter Atem-, Körper-, Bewegungs-, Konzentrations- und Meditationsübungen. Qigong erzeugt das Bild von Menschen, die sich allein oder in Gruppen in fließenden Bewegungen bewegen, als ob sie in Zeitlupe tanzten.

Qigong gilt als eines der vier großen Teilgebiete der TCM und ist deutlich auf Gesundheitsaspekte ausgerichtet. So heißt eine Übung aus der beliebten Zusammenstellung der „Acht Brokate" beispielsweise „Siebenmal den Rücken strecken und 100 Krankheiten vertreiben". Die äußeren, leicht erlernbaren Bewegungen können, müssen jedoch nicht angewendet werden; auch innere Bewegungen sind im Qigong wichtig, wenn nicht sogar wichtiger.

Tai Chi, ausgesprochen „tai djie", kurz für Tai Chi Chuan, wurde ebenfalls in China geboren. Laut der einen Quelle im 14., laut der anderen im 16. Jahrhundert, und laut mündlicher Überlieferung schon viel früher. Die Begriffskombination kann mit „erhabene Kampfkunst" oder auch „das höchste Prinzip" übersetzt werden. Tai Chi arbeitet ebenfalls mit Qi, der Energie.

Bei Tai Chi handelt es sich um eine im Kaiserreich entwickelte Kampfkunst. Im Gegensatz zu Qigong, bei dem man sich zum Teil intensiver mit den einzelnen Figuren beschäftigt, gibt es im Tai Chi je nach Stilrichtung klare Abläufe von aufeinanderfolgenden, meist fließenden Bewegungen. Diese Choreografie ergibt insgesamt die sogenannte Form – etwa die 24-Bilder-Form (Pekingform) oder die 48-Bilder-Form (Yang-Stil) nach Chen Man Ching. Es heißt: „Menschen, die Tai Chi praktizieren, erlangen die Geschmeidigkeit eines Kindes, die Kraft eines Holzfällers und die Klugheit eines Weisen."

Diese fernöstlichen Bewegungsarten fördern höchstes Bewusstsein. Alle drei vermitteln Wege der Bewusstwerdung durch körperlich-geistige Übungen und deren Verbindung mit dem Atem, durch Betrachtung der Gedanken und des Geistes – mit dem Ziel, gesund zu sein und/oder zu werden und ein für sich und die Welt sinnerfüllteres Leben zu führen. Die Lebenskraft soll erhalten werden, und der Energiefluss wird ausbalanciert. Alle drei arbeiten mit den beiden Elementen, benennen sie nur anders. So reden Qigong und Tai Chi zum Beispiel bei der Lebenskraft von „Qi", Yoga von „Prana". In der TCM ist ein nicht ausgeglichener oder ein stockender Energiefluss Grundlage für die Entstehung von Krankheiten.

Meditation
Eine regelmäßige Meditationspraxis verleiht uns unheimlich viel Kraft. In der Meditation gelingt es uns, zur Ruhe zu kommen und die Nerven zu beruhigen. Der Körper kann entspannen, und muskuläre Anspannung kann sich lösen. Die Schlafqualität wird verbessert, somit ist der Erholungseffekt größer. Wir bekommen mehr Klarheit, Konflikte können gelöst werden, und es stellt sich größere Gelassenheit ein.

Auf körperlicher Ebene sorgt eine regelmäßige Meditationspraxis für Schmerzlinderung und ein verbessertes Immunsystem; Migräne und Rückenbeschwerden lassen sich reduzieren. Sie wirkt blutdrucksenkend, weil sich unter anderem die Entspannung auch auf die Arterien und das komplette Herz-Kreislauf-System positiv auswirkt. Nervliche Anspannung, Reizbarkeit und depressive Verstimmungen werden gemindert.

Wenn es uns gelingt, den Körper und den Geist zu beruhigen, können wir daraus Kraft schöpfen. Es ergeben sich neue Ressourcen, und bereits vorhandene Ressourcen können wieder aktiviert werden.

Des Weiteren erreichen wir in der Meditation tiefliegende Blockaden, die im Unterbewusstsein abgelegt sind. An diesen Blockaden kann in der Meditation gezielt gearbeitet werden, sodass sie sich lösen lassen. Man kann es als Selbstheilungsprozess verstehen. Mit tiefliegenden Blockaden und negativen

Glaubenssätzen werden wir immer wieder im Alltag und im Beruf konfrontiert.

Ordnung und Struktur

Jetzt denken Sie wahrscheinlich: „Ach herrje, aufräumen ist doch einfach nur anstrengend und zeit- und energieraubend." Bedingt schon. Aber: Eine Strukturierung des Alltags kann ebenfalls enorm viel Kraft und Energie spenden. Jeder hat unterschiedliche Herangehensweisen in seinem Alltag. Die vielen Aufgaben, die Projekte, der Job und alle anderen Herausforderungen sollten strukturiert sein. Es gibt Menschen, die dazu neigen, die Dinge aufzuschieben. Man spricht in diesem Zusammenhang gerne von Aufschieberitis. Aber es ist erwiesen, dass wir an Dinge, die wir vor uns herschieben, Energie verlieren.

Wenn beispielsweise ein Schreibtisch sehr aufgeräumt ist, kann die Energie fließen. Man arbeitet fokussierter, konzentrierter, und die Kreativität hat Freiraum.

Auch da gibt es Systeme, die uns Ordnung halten lassen.

Marie Kondo ist eine aus Japan stammende Ordnungsberaterin und Bestsellerautorin. Sie hat ein Ordnungssystem für zu Hause, das Büro und den ganzen Haushalt entwickelt, die KonMari-Methode, die Klarheit, Ordnung und Struktur verschafft. Auch Kondo ist davon überzeugt, dass Ordnung und Struktur zum einen das Leben einfacher machen und zum anderen für Ruhe und Entspanntheit sorgen. Auf diese Weise finden wir Kraft, und die Energie wird nicht damit verschwendet, a) Dinge zu suchen, b) im Durcheinander und Chaos zu leben und zu arbeiten und c) in zeit- und energieraubenden Aktionen aufzuräumen und zu entrümpeln.

Der Mensch ist ein Jäger und Sammler. Wir schwelgen in Erinnerungen und schaffen es nicht, uns von alten Dingen, Gegenständen oder auch Personen zu trennen. Wir neigen zur Lagerhaltung, sei es im Keller oder auf dem Dachboden. Man muss nicht immer gleich wegwerfen, vielleicht gibt es Menschen, die genau diesen Gegenstand dringend benötigen. Man kann verschenken, man kann spenden, man kann Portale wie Ebay,

Momox etc. nutzen und die Dinge verkaufen oder gar einen eigenen Hofflohmarkt durchführen.

Wir trennen uns von Ballast. Wir lösen uns und schauen, dass keine Energie mehr daran verschwendet wird, sich mit diesen Dingen immer, immer wieder zu beschäftigen, wieder neu zu fokussieren, in den Erinnerungen zu kramen. Wenn wir uns von Ballast und Belastungen lösen, entsteht Platz für Neues. Es entsteht ein Freiraum. Selbst wenn dieser Platz im Regal leer bleibt – alles, was unseren Besitz verlässt, erfordert nicht mehr unsere Aufmerksamkeit. Es befreit.

Entscheidungen

Genauso verhält es sich mit Entscheidungen, es gibt entscheidungsfreudige und weniger entscheidungsfreudige Menschen. Einerseits diejenigen, die gerne und leicht Entscheidungen treffen, die abwägen und schnell eine Entscheidung für Ja oder Nein fällen. Andererseits jene, die gerne prüfen, nochmal nachrechnen, die gerne kalkulieren, sich eine Nacht Schlaf erbitten und immer wieder die Gedanken auf das Projekt oder die zu fällende Entscheidung bringen.

Wir treffen am Tag bis zu 20.000 (!) Entscheidungen, das verteilt sich von der Kleiderwahl am frühen Morgen über die Streckenwahl zur Arbeit bis hin zu den vielen Entscheidungen während des Berufsalltags und hört dann noch lange nicht auf. Man kann sich vorstellen, dass hier ein enormes Energiepensum verschlungen wird.

Und natürlich kann nicht alles im Leben von jetzt auf gleich entschieden werden, es gibt Dinge, über die man sich tatsächlich beraten muss oder vielleicht im Familienkreis abstimmen möchte. Aber auch hier gibt es ein Vorgehen: Kann ich eine Entscheidung in diesem Augenblick treffen, dann tue ich das. Es gibt Entscheidungen, die kann ich in einem Tag oder in einer Woche treffen. Diese entscheide ich auch erst dann. Und schließlich gibt es Entscheidungen, die nicht dringend sind – unsere größten Energieräuber. Wir sind nicht in der Lage, uns für oder gegen etwas zu entscheiden, halten uns lieber die Option offen. Diese Option erfordert unheimlich viel Aufmerksamkeit, sie beschäftigt immer wieder unsere Gedanken, wir werden ständig daran erinnert. Das kostet uns Kraft.

Emotionaler Schrott

Wir tragen sehr viele emotional belastende Themen mit uns herum. Diese entstehen zwangsläufig in jedem Menschenleben. Das Feld ist sehr groß und reicht von Verlust und Trauer über Enttäuschung bis zu Missbrauch und traumatischen Erfahrungen.

Resilienten Menschen gelingt es besser und schneller, sich mit diesen Themen auseinanderzusetzen. Zartbesaitete Menschen haben richtige Lasten zu tragen, die bis zu gesundheitlichen Einschränkungen und gar Depressionen führen können. Vielen Menschen gelingt es niemals, die Themen aufzuarbeiten.

Diese schweren emotionalen Themen, die das Leben belasten, sind für mich im gewissen Sinn auch „emotionaler Schrott", gehören aber eindeutig in die Hände eines Therapeuten. Es gibt für mich jedoch auch emotionalen Schrott, sozusagen die Light-Version, den wir ganz einfach selbst lösen können, bevor er das Leben und den Wohlfühlfaktor beeinträchtigt. Damit meine ich Themen wie ein geringes Selbstwertgefühl, mangelnde Selbstakzeptanz, fehlende Selbstliebe, Eifersucht, Neid, Konflikte und so weiter.

Diese Themen reduzieren stetig unser Potenzial. Die Gedanken gelangen regelmäßig an diesen einen Punkt zurück, man beschränkt sich förmlich selbst. Innere Stimmen, die in uns spuken und uns ständig Grausamkeiten ins Ohr flüstern, kosten Kraft. Man kann es sich vorstellen wie ein kleines Boot, das bei starkem Wellengang ausschließlich damit beschäftigt ist, nicht zu kentern. Hier ist ein Personal Coaching empfehlenswert, um mit diesen Themen aufzuräumen und die Persönlichkeit weiterentwickeln zu können.

Resilienz

Resilienz wird auch als das Immunsystem der Seele bezeichnet. Wer eine emotionale Widerstandskraft besitzt, kann besser mit persönlichen Schicksalsschlägen, Krisen, Trauer und Stress umgehen. Es scheint, dass resiliente Menschen oftmals aus Krisen gar gestärkt herausgehen. Glücklicherweise lässt sich Resilienz üben und einstudieren.

Das Gehirn und der Geist werden tagtäglich und permanent mit derart vielen Informationen gespeist, auf die wir in Sekundenschnelle reagieren müssen, dass schnell Überforderungen eintreten, die leider nicht gleich erkannt werden. Wenn wir dann abends platt auf der Couch liegen, nutzen wir noch etwas die Multimedia-Kanäle zum Surfen, während uns der Fernseher berieselt.

Das Gehirn benötigt ausreichend Gelegenheit und Möglichkeiten zur Regeneration. Doch wie kann diese Regeneration aussehen? Geist und Gehirn müssen zur Ruhe kommen, um die vielen Reize, die auf uns einströmen, verarbeiten zu können. Diese Entspannung kann auf unterschiedlichste Art und Weise geschehen. Erholung kann nicht ausschließlich durch Schlaf erfolgen. Beispiele sind:
– Spaziergänge in der freien Natur
– Sport und Bewegung
– Achtsamkeitsübungen und Meditation
– Hobbies und Leidenschaften wie Kochen, Musizieren, Malen etc.
– Museumsbesuche

Je öfter wir in unserem lebhaften Alltag dem Körper und dem Geist ausreichend Gelegenheit zur Erholung und Regeneration geben, desto besser entwickelt sich unsere Resilienz. Wenn wir bereits mental gestärkt mit Krisen und Sorgen konfrontiert werden, können wir kraftschonend mit unseren Ressourcen umgehen.

Dankbarkeit
Als ein kleines Wundermittel kann die Dankbarkeit eingesetzt werden. Dankbarkeit ist ähnlich der Resilienz ein Mittel oder eine Methode, die trainiert werden kann. Wir haben sehr viele Dinge, wofür wir dankbar sein können.

Halten Sie für einen Augenblick inne und überlegen Sie, wofür Sie alles dankbar sein können.
Machen Sie sich dazu ein paar Notizen:

Ich bin dankbar für:

....

....

....

....

....

....

....

Lassen Sie es Dinge sein, die für uns eigentlich selbstverständlich sind, dass Sie beispielsweise die Gelegenheit haben,
- selbstbestimmt leben zu können,
- gesund zu sein,
- einer Arbeit nachzugehen,
- eine Familie zu haben,
- frische Luft zu atmen und
- reines Wasser zu trinken.

Es gibt ganz viele Möglichkeiten, für die man sich sehr dankbar schätzen kann. Dankbarkeit ist wie eine kleine Liebeserklärung an das Leben. Wir sagen Ja zu unserem derzeitigen Leben und sind für den Moment zufrieden. Der gesellschaftliche Trend, nach mehr zu streben und noch mehr erreichen zu wollen, führt dagegen zu Stress und Unzufriedenheit. Die Menschen wollen höhere Ziele erreichen, sie wollen immer mehr besitzen und sind getrieben. Das verursacht Unruhe und zerstört leider die Gelassenheit.

Machen Sie aus Ihrer Dankbarkeit ein Ritual. Halten Sie morgens nach dem Aufstehen – oder wann immer am Tag sich eine Gelegenheit ergibt – eine Minute inne und rufen Sie sich ins Gedächtnis, wofür Sie dankbar sind. Je öfter Sie dieses Ritual anwenden, desto schneller implementieren Sie das Gefühl im Unterbewusstsein. Es erzeugt mehr Gelassenheit, baut Stress ab und schont die Energiereserven.

Sie können auch daraus eine regelmäßige, vielleicht sogar tägliche, Dankesmeditation kreieren. Auf diese Weise verbinden Sie sich mit Ihrem Herzen und mit Ihrem Geist, innere Gelassenheit stellt sich ein, und der Stresslevel im Körper wird gesenkt. Dankesmeditation oder Dankbarkeitsübungen senken im Körper nachweislich die Stresshormone, beispielsweise das Adrenalin und das Kortisol. Glückshormone wie das Endorphin werden dagegen ausgeschüttet. In Folge erleben wir beim Ritual der Dankbarkeit glückliche Momente und spüren, wie wohltuend sie sich auf unseren Körper auswirken. Forscher konnten in einer Studie beobachten, dass regelmäßige Dankbarkeitsübungen über eine Zeitspanne von vier Wochen hinweg sich sehr positiv auf die Probanden auswirkten. Beide Gruppen, sowohl junge Studenten als auch chronisch erkrankte Menschen, profitierten davon.[4]

Es wurde festgestellt, dass sich bei allen Probanden mehr Optimismus einstellte. Zufriedenheit und mehr Gelassenheit konnten registriert werden. Alle Probanden fühlten sich vitaler, beweglicher und verspürten mehr Lebensfreude. Als die wissenschaftliche Studie ausgeweitet und die körperlichen Symptome ebenfalls berücksichtigt wurden, ließ sich feststellen, dass allgemeine Schmerzzustände im Körper deutlich reduziert werden konnten. Bauchschmerzen, Magenverstimmungen, Kopfschmerzen, Muskelverspannungen waren bei allen Teilnehmern deutlich schwächer ausgeprägt. Alle Probanden fühlten sich wohler, der Schlaf erholte sich, und sie trieben messbar mehr Sport. Sie waren aktiver, sie schöpften förmlich Hoffnung, waren motivierter, aus ihrem Leben das Beste zu machen und es voll auszukosten.

---

4 Studie zur Auswirkung der Dankbarkeit Psych. Robert Emmons und Michael McCullough, beide USA
Quelle: https://greatergood.berkeley.edu/images/application_uploads/Emmons-CountingBlessings.pdf

Und nun?

Wenn es uns nun gelingt, auf körperlicher und mentaler Ebene Entspannung herbeizuführen, und das Hauptaugenmerk auf einem ausbalancierten Leben liegt, dann haben wir eine enorme Ressource für Kraft, Vitalität und Energie, aus der wir schöpfen können. Herausfordernde Aufgaben benötigen diese Ressource.

Wenn wir erfolgreich sein wollen, sei es im Beruf, sei es im Sport oder im privaten Bereich, sollte ein gesundheitsbewusster Lebenswandel selbstverständlich sein. Getreu dem Motto „Ein gesunder Geist lebt in einem gesunden Körper – mens sana in corpore sano".

Es ist erwiesen, dass erfolgreiche Menschen sehr körper- und gesundheitsbewusst leben. Tim Ferris, Autor des Bestseller „Die 4-Stunden-Woche", interviewte 190 sehr erfolgreiche Menschen. Er stellte ihn die gleichen Fragen: was sie für ihren Erfolg taten und welche Gewohnheiten sie hatten. Er fand heraus, dass fast 80 Prozent seiner Interviewpartner eine morgendliche Achtsamkeits- und Meditationspraxis durchführten. Die Befragten kamen aus der Filmbranche, waren Politiker, Sportler oder waren in der Finanzbranche tätig. Querbeet verteilt, jedoch mit einer Gemeinsamkeit, dem Bewusstsein für die mentale Stärke und Stressreduzierung mittels Achtsamkeit und Meditation.

Prominente Sportler wie Marco Reus, Dirk Nowitzki und Martin Kaymer sind regelmäßig auf der Yogamatte anzutreffen. Schauspieler Richard Gere meditiert, und Hugh Jackman bekannte im Gespräch mit Talk-Queen Oprah Winfrey: „Beim Meditieren kann ich loslassen. Ich bin nicht Hugh Jackman. Ich bin kein Vater. Ich bin kein Ehemann. Ich tauche einfach ein in die kraftvolle Quelle, die alles erschafft, und nehme ein kleines Bad darin."

Um sich heute gesund, bewusst und ausgewogen zu ernähren, benötigt man kein besonders großes finanzielles Budget, im Gegenteil, der Kauf von Obst, Gemüse und Kräutern ist bedeutend günstiger als der Kauf von Fertigprodukten. Fertige

Gewürzmischungen, denen Geschmacksverstärker, Konservierungsstoffe und allerlei künstlich hergestellte Substanzen beigefügt sind, kann man getrost weglassen. Mit reinen Gewürzen lassen sich bedeutend größere Geschmackserlebnisse erzeugen.

In meiner Arbeit animiere ich meine Klienten, zu den Ursprüngen zurückzukehren. Sei es beim Kochen, sei es, persönliche Treffen mit Freunden zu vereinbaren, anstatt miteinander zu chatten, oder „simple" Atemübungen anzuwenden, um den Körper und den Geist zu beruhigen und Stress zu reduzieren.

Ich setze in meiner Coachingarbeit das Embodiment[5] ein. Körper, Seele und Geist verschmelzen zu einer Einheit. Es nutzt nichts, wenn wir uns ausschließlich mental stärken, auf körperlicher Ebene jedoch Defizite haben und dadurch weniger belastbar sind oder sich diese Einschränkungen gar auf mentaler Ebene negativ auswirken.

Als Beispiel nenne ich hier einen Klienten, der in meine Praxis kam, um sein Selbstbewusstsein zu stärken, da ihm dieses auf beruflicher Ebene immer wieder Steine in den Weg gelegt hatte.

Er war groß gewachsen, und seine Körperhaltung war nicht aufrecht. Seine Schultern waren eingesunken und der Oberkörper leicht nach vorne geneigt. Es schien, dass ihm dieser Mangel förmlich auf den Schultern lastete.

Während des Coachingprozesses begann er mit dem Schwimmen. Er nahm sich einen Trainer, und zweimal wöchentlich trainierte er. Sehr schnell konnte er seine Brust- und Schultermuskulatur stärken, die ihn förmlich aufrichtete.

Ich rate all meinen Klienten, während des Coachings mit Sport zu beginnen beziehungsweise ihn zu intensivieren oder zu regelmäßigen Einheiten in den Alltag einzubauen. Wenn ich sie nicht gar dazu verpflichte! In der Regel arbeite ich sechs bis zwölf Monate mit meinen Klienten – ein Zeitraum, in dem sich Ergebnisse dank regelmäßigem Sport und Bewegung messen lassen. Man wird beweglicher, die Kondition verbessert sich,

5 http://claudianover.com/2019/09/09korper-seele-und-geist-im-einklang-mit-embodiment-coaching-zum-erfolg/

und die Körperwahrnehmung wird gestärkt. Das Selbstbewusstsein wird mit erzielten Erfolgen wie beispielsweise Gewichtsverlust und einem definierten Körper gestärkt. Ein absolvierter Halbmarathon oder eine Platzreifeprüfung beim Golfen zum Beispiel tragen zu einem verbesserten Selbstbewusstsein bei.

Wie auch immer die Bewegungsart aussieht und wofür sich der Klient entscheidet, sein Körper wird in meinem Embodiment Coaching gestärkt und Stress reduziert.

In der Coachingarbeit begleite ich gezielt den Weg zur gewünschten Lösung. Im Coaching arbeite ich sehr gerne mit dem inneren Team[6], denn dort lassen sich viele Glaubensmuster aus unserer Vergangenheit und den im Leben gemachten Erfahrungen erkennen. Mit dieser Arbeit gelingt es dem Klienten, Reflexionsprozesse anzustoßen und beispielsweise sehr laute kritische Stimme seiner selbst zu reduzieren.

Das Coaching-Modell, das ich anbiete, wurde von mir selbst erprobt.

Nach familiären Schicksalsschlägen und aufgrund eines sehr herausfordernden Jobs mit sitzender Tätigkeit kam ich in meinem Leben vor vielen Jahren an einen Punkt, an dem meine Psyche und meine körperliche Konstitution sehr in Mitleidenschaft gezogen wurden. Anfänglich waren es Schlafstörungen, die meinen Alltag sehr beeinträchtigten, da ich nicht mehr leistungsfähig war. Die Spirale ging weiter von regelmäßigen Magenbeschwerden und Rückenschmerzen bis hin zu schweren Gürtelrosen. Mein Körper war im Ausnahmezustand und schrie nach Beachtung und Hilfe.

Die Medizin und Pharmaindustrie konnten mir nur bedingt weiterhelfen, denn ich behandelte die Symptome nur punktuell. Ich benötigte ziemlich viel Zeit, um mir bewusst zu werden, dass nur ich handeln und Änderungen in meinem Lebensstil herbeiführen konnte.

Sport und Bewegung waren meine Schlüsselbereiche, denn ich erlangte ein immer intensiver werdendes Körpergefühl. Und ich konnte nun spüren, was meinem Körper, meiner Gesundheit

---

6 Das „Innere Team" ist ein Kommunikationsmodell nach Friedemann Schulz von Thun. Es stellt mit den „inneren" Stimmen die Pluralität des menschlichen Innenlebens dar. Es erklärt unangemessene Verhaltensweisen, innere Zerrissenheit etc.

und auch meiner Psyche fehlte. Dank Yoga bekam ich den Zugang zu Ruhe und Spiritualität. Schwimmen und Radfahren halfen mir, die Muskulatur zu stärken. Kein Stein blieb mehr auf dem anderen, und ich änderte mein Leben komplett. Ich begann regelmäßig zu meditieren, was ich bis zum heutigen Tag beibehalten habe. Es schenkt mir Klarheit und Ruhe. Meine bisherige Ernährungsform habe ich hinterfragt und einige essenzielle Dinge geändert.

Mental ist es mir gelungen, wichtig von unwichtig zu unterscheiden, mich von negativen Gedanken, negativen Energien und auch negativen Menschen fernzuhalten. Das Wissen, dass ich mich nur außerhalb meiner Komfortzone weiterentwickeln kann, ist ein großartiges Geschenk. So wird meine Neugierde befriedigt, und ich lerne ständig dazu. Mein Gehirn wird trainiert, und ich wachse in meiner Persönlichkeit. Sich außerhalb der Komfortzone zu bewegen, kann helfen, Zweifel und Ängste zu reduzieren und das Selbstbewusstsein zu pushen. Mein beruflicher Erfolg lässt sich auf diese Lebensart und die vielen Bausteine zurückführen. Ich höre auf meinen Körper und habe darin eine ganz entscheidende Ressource für meine Kraft, meine Energie und meine Vitalität gefunden.

In meiner Coachingpraxis begleite ich als Expertin für mentale Gesundheit und Embodiment vornehmlich Kunden, die große Verantwortung tragen und die täglich neuen Herausforderungen kraftvoll bewältigen müssen. Als auch die Menschen, die vor großen Veränderungen stehen. Vielleicht weil sie neue Aufgaben übernehmen, vielleicht weil sie in die Selbstständigkeit starten oder weil sie endlich ihre Visionen leben wollen.

Ziel meiner Arbeit ist es, die ureigenen Ressourcen des Körpers zu erkennen und zu fördern. Dadurch gelingt es dem Kunden kraftvoll und vital seinen Alltag beruflich und auch privat erfolgreich zu gestalten.

Ausgeschlafen erfolgreich

Karsten Kroll

Profil – Karsten Kroll

© Ronny Barhtel

Karsten Kroll ist ehemaliger Radsportler, vielfacher Ironman® und Ultramarathon Finisher. Er hat mehr als 30 Marathons gelaufen.

Schon sehr früh hat er die Bedeutung von Regeneration und Schlaf auf die sportliche Leistungsfähigkeit erkannt. Er hat sich intensiv mit Motivation und Regeneration weitergebildet und hat erfolgreich Menschen verholfen deren Träume vom Ironman® Finish zu verwirklichen.

Nicht zuletzt durch seine Tätigkeit als Rettungsassistent mit der psychischen und physischen Belastung hat er sich noch intensiver mit Schlaf und Leistungsfähigkeit beschäftigt.

Heute betreibt er mit einem Freund zusammen ein renommiertes Bettenfachgeschäft in Alzey. Zusätzlich ist er als Keynote Speaker mit seinem Programm „AUSGESCHLAFEN – ERFOLGREICH" für Menschen und Firmen buchbar, die sich selbst oder ihre Mitarbeiter, auf ein neues Level der Leistungsfähigkeit zu bringen.

Aktuell führt er viele Interviews mit erfolgreichen Menschen, die er in seinem Podcast Ende 2019 veröffentlichen wird.

Einführung

Sie haben Mut. Mut ein Buch zu kaufen über eine Sache, die wir tagtäglich machen. Der wir aber in fast keiner Weise eine ausreichende Beachtung schenken. Ich beschäftige mich schon viele Jahre mit dem Schlaf, oder besser mit der Regeneration. Während meiner Studienzeit habe ich als Leistungssportler sehr viele Kilometer auf dem Rad zurückgelegt. Dabei musste ich mir stets Gedanken über meine Ernährung, den Trainingsplan und die unbedingt erforderliche Regeneration machen.

Mitte der 1990er Jahre wollte ich am Race-Across-America, einem Radrennen von der West- zur Ostküste der Vereinigten Staaten, teilnehmen. Eine Strecke, die jährlich unterschiedlich lang ist, etwa 4000 bis 4500 Kilometer, bedingt durch Baustellen und Sperrungen. Dieses Rennen wird wie ein Einzelzeitfahren ausgerichtet. Ein Windschattenfahren ist nicht erlaubt. Es kommt nicht selten vor, dass mehr als die Hälfte der Teilnehmer das Rennen aus verschiedensten Gründen abbrechen müssen. Einer der am häufigsten auftretenden Ausfallgründe ist der Schlafentzug. Der auch für mich persönlich das größte Problem war. Die damals übliche Taktik bestand darin, so lange als irgend möglich Rad zu fahren, bis man nicht mehr kann, dann für eine kurze Dauer von 1 bis 5 Stunden zu schlafen und danach sofort weiter zu fahren. Mir war bewusst, dass ich das so nie schaffen werde. Ich benötige einfach einen gewissen Umfang an Schlaf. Ich machte mir viele Gedanken, wie ich mein Ziel erreichen könnte. Meine damals gefundene Taktik bestand darin, 16 Stunden am Tag zu fahren und acht Stunden für die Regeneration, Körperpflege und Schlaf einzuplanen. Die sechzehn Stunden müssten normalerweise ausreichend sein, um ca. 400 bis 450 km am Tag zu fahren. Das entspricht einer Durchschnittsgeschwindigkeit von etwa 25 - 28 Kilometer pro Stunde. Also durchaus realistisch für einen trainierten Radfahrer. Voller Selbstzweifel, ob die von mir erdachte Taktik funktionieren könnte, befragte ich einige Ultraradfahrer nach ihrer Meinung. Sie zerpflückten meine Taktik und meinten nur, dass es so noch niemand probiert habe, weil es einfach nicht ginge. Was jetzt? Ich vertraute zur damaligen Zeit diesen Menschen und begrub einen meiner größten Träume.

Eine Bestätigung, dass die Taktik mit Schlafpausen funktionieren kann, erfolgte im Jahr 2006. Ein Deutscher beendete das Race-Across-America mit einer solchen Taktik. Nur hatte dieser sich nicht von Beratern von seinem Plan abbringen lassen. Sicherlich kann man mit einer solchen Taktik nicht gewinnen, aber man kann seinen Traum leben und ihn verwirklichen.

Ich lasse mich heute nicht mehr von meinen Träumen abbringen.

Sicher denken Sie jetzt, was hat der Mensch jetzt auf einmal mit Schlafen und Managern zu tun.

Durch den Sport war ich damals auch in sehr vielen Hotels unterwegs und hatte dabei fast immer schlechter geschlafen, als ich dies zu Hause tat. Auch wenn ich zu Hause nicht die besten Matratzen und Lattenroste hatte. Darauf wurde in meinem Elternhaus zum damaligen Zeitpunkt keinerlei Wert gelegt.

In Hotels werden meist sehr feste Matratzen benutzt. Ich kann dabei nicht verstehen, dass diese derart festen Matratzen meist nur für sehr korpulente Menschen funktionieren. Warum orientierten sich Hotels nicht auf die Mehrheit der Gäste, die in der Regel nicht so kräftig gebaut sind und keine festen Matratzen benötigen. Das Problem dabei ist, normal gebaute Menschen bekommen in den festen Hotelbetten häufig Schulterschmerzen. Das führt in der Regel dazu, dass man sich sehr häufig dreht und somit keinen erholsamen Schlaf findet.

Jedes Mal, wenn ich mir ein Hotel im Internet oder aus einem Reisebürokatalog anschaue und die Bewertungen dazu lese, stelle ich mir die Frage, was der Bewerter sich dabei denkt. Selten stößt man dabei auf Bewertungen, die Aufschluss geben, ob man in den Betten des Hotels auch gut schlafen kann. Die meisten gefundenen Bewertungen beziehen sich auf das freundliche Personal. Sicherlich spielt die Freundlichkeit des Personals eine wichtige Rolle, aber ist das wirklich ein entscheidender Faktor? Wenn jemand ein Hotel bucht, will er doch in der

Hauptsache gut schlafen und, wenn man darauf Wert legt, auch noch gut frühstücken.

Was wollen Sie denn in dem Hotel machen? Ich für meinen Teil möchte gut schlafen. Darauf liegt mein Fokus. Ich wähle doch kein Hotel aus nur, weil das Personal freundlich oder gar sehr freundlich ist. Was zählt, ist die Lage des Hotels und die Qualität der Betten. Die aber, wie schon erwähnt, in sehr vielen Fällen zu wünschen übriglassen.

Ich reise heute immer noch viel und gerne. Nicht unbedingt so oft, wie es einige Manager und Führungskräfte tun müssen. In vielen Gesprächen mit ihnen kann man feststellen, dass der Schlaf dabei eine eher niedrige Priorität hat. Sie leben häufig nach einem Zitat „Wenn ich tot bin, kann ich noch genug schlafen".

Zum Glück findet man in unserer optimierten und getakteten Welt immer mehr Menschen, die dem Schlaf wieder mehr Bedeutung schenken.

Ich sehe meine Aufgabe darin, Menschen zu zeigen, dass Erholung kein notwendiges Übel, sondern eine der effektivsten Möglichkeiten ist, sein Bestes aus sich herauszuholen. Ohne einen gut ausgeruhten Körper haben wir Menschen eine geringere Leistungsfähigkeit.

Dieser Text soll Sie zum Nachdenken anregen und Ihren Fokus weg von den wirklich unwichtigen Dingen auf die für sie relevanten Bereiche zu lenken. Lernen Sie durch guten Schlaf ein völlig neues Lebensgefühl kennen.

Kommen Sie mit mir auf eine Reise in den wundervollen Schlaf.

„Schlafstörungen bei gehetzten Managern"

Die ersten drei Tage der Woche waren extrem anstrengend. Es gab nicht nur eine Menge Probleme im Unternehmen, auch die Kunden haben verrückt gespielt. Dies alles traf auf einen nicht wohl gestimmten Geschäftsführer, sondern die viele Fahrerei und die enorme Termindichte trugen zu einem erheblichen Schlafdefizit bei.

So wie in der letzten Nacht. Ich kam um 20 Uhr aus dem Büro in Ahrensburg und musste noch sechs Stunden nach Nürnberg fahren. Nachts um zwei war ich endlich in meiner kleinen Wohnung in Nürnberg. Weil es zwischendurch unmöglich war, mich wach zu halten, ich hatte ja die Nacht vorher schon kaum geschlafen, habe ich mir um zwölf Uhr an einer Tankstelle einen Kaffee und ein Mars reingezogen. Jetzt liege ich in meinem Bett in meiner kleinen Wohnung in Nürnberg, und 100 Dinge gehen mir durch den Kopf. Ich weiß nicht genau, wie wir das Monatsergebnis erreichen sollen, mein Chef macht Druck. Ich mache auch Druck, es nützt nur nichts. Und dann der Anruf gestern Morgen. Der wichtigste Kunde will bei einem großen Projekt abspringen, weil Fehler in der Produktion aufgetreten sind. Gedanken kreisen, es ist fünf Uhr morgens. Dann schlafe ich endlich ein. Der Wecker geht um sieben Uhr. Ich bin völlig neben der Kappe, ich weiß eigentlich gar nicht, wo ich bin. Ich kann mich nicht erinnern, dass ich bereits in Nürnberg bin. Mir kommt alles irgendwie fremd vor. Ich brauche ewig, um aus dem Bett zu kommen. Um acht ist der erste Termin. Ich schleppe mich raus. Unter die Dusche. Ohne Kaffee, ohne die Dinge, die sonst zu einem Morgen gehören, setze ich mich ins Auto und fahre ins Büro. Als ich durch die Bürotür komme, ist meine Sekretärin bereits da und lächelt mich an. „Guten Morgen Herr Bothe, sie hatten es aber eilig heute morgen, sie hatten noch nicht einmal Zeit die Haare zu kämmen". Ich muss bestimmt witzig ausgesehen haben. Schön, dass sie einen Kamm dabeihatte. Zwei Stunden später, und die ersten drei Gespräche hinter mir, sinke ich im Sessel zusammen. Ich bin so fertig, ich kann nicht mehr. In dem Moment kommt meine Sekretärin herein. „Herr Bothe, ich habe die nächsten Termine für Sie abgesagt. Ich glaube sie müssen jetzt einfach schlafen, sonst kippen sie mir noch um. Um 14 Uhr ist der nächste Termin, sie haben jetzt mindestens drei Stunden Zeit, um sich auszuruhen. Gehen sie nach Hause und schlafen Sie ein wenig."

Ich fahre wieder zurück in meine kleine Wohnung, lege mich ins Bett und falle wie tot um. Ich glaube, ich habe nicht mitbekommen, wie mein Kopf das Kissen berührt hat.

Warum das Thema Schlaf?

So wie in diesem Bericht eines gestressten Managers geht es heute vielen Berufstätigen. Nicht nur in der obersten Führungsebene, nein sogar bis in die untersten Hierarchien. Worin liegt dieses Problem begründet?

Wir wollen immer mehr, und das, in noch kürzerer Zeit und im besten Fall noch für viel immer weniger Geld. Beobachten Sie sich und Ihr Umfeld einmal kritisch auf die genannten Faktoren. Was werden Sie feststellen? Alles ist schnell und einfach verfügbar. Wir können nahezu jedes Produkt innerhalb kürzester Zeit online bestellen.

So weit, so gut. Wenn Sie dies einmal hinterfragen, dann stimmen Sie mir sehr wahrscheinlich zu, dass dadurch Druck auf die Angestellten und die Führungskräfte erzeugt wird. Viele der Bereiche unseres Lebens sind dabei involviert. Unser privates Leben kommt zu kurz, wir vernachlässigen unseren Körper, ganz zu schweigen vom seelischen Stress, der erzeugt wird. Stress in jeglicher Form führt unweigerlich zu Erkrankungen der Psyche und kann auch mit systemischen Erkrankungen einhergehen.

Wir kommen gestresst von der Arbeit, können zu Hause meist noch nicht einmal abschalten, dann haben wir vielleicht noch privaten Stress innerhalb der Familie und der Teufelskreis beginnt.

Ein gestresster Körper ist nicht in der Lage, sich zu erholen, und wegen zu viel elektrischen Geräten im Schlafraum fällt das Abschalten noch schwerer. Ständig nimmt unser Gehirn das Stand-By-Licht wahr und kommt so nicht zu Ruhe. Auch unsere Fernsehgewohnheiten haben einen Einfluss auf unseren Schlaf. Die Nachrichten sind überfüllt mit schlechten Meldungen. Unsere emotionale Wahrnehmung verändert chemische Prozesse im Gehirn und wir kommen in Stress. Das Fahren auf der Autobahn versetzt den Körper ebenfalls in Stress. Das Hormon, das für diese Reaktion produziert wird, ist Adrenalin und der Gegenspieler von Melatonin, unserem Schlafhormon. Ohne dieses kommt unser Körper nicht in den Schlafmodus. Somit ist an Schlaf nicht zu denken.

Aus diesem Grund mache ich eine, nennen wir es, eine Mediendiät. Ich versuche mich von schlechten Nachrichten fernzuhalten und beschäftige mich mit den Dingen, die ich in meinem Leben beeinflussen kann. Das lässt mich nahezu immer gut einschlafen.

In meinem Leben habe ich mich schon sehr intensiv mit dem Schlaf beschäftig. Als ehemaliger Leistungssportler hatte man den Luxus, dass man nicht noch zusätzlich arbeiten musste. Man konnte sich voll auf sein Training, seine Ernährung und seinen Schlaf, oder in diesem Fall besser, seine Regeneration konzentrieren. Später im Berufsleben bemerkt man schnell, dass man durch Kleinigkeiten aus seinem geregelten Schlafrhythmus kommen kann. Durch meine damalige Tätigkeit im Rettungsdienst hatte ich das Problem, dass ich nicht nur eine 48-Stunden-Dienstwoche im zwei Schicht Betrieb unterbringen musste, sondern auch noch meinen 20 Stunden umfassenden Trainingsplan und meine Regenerationsphasen an die beruflichen Begebenheiten anzupassen waren.

Durch Literatur von vielen Fachbüchern rund um Training und Regeneration habe ich vom „Circadianen Rhythmus" erfahren. Seit Jahren beschäftige ich mich nun schon intensiv mit diesen Themen, die ich ihnen auf den folgenden Seiten näherbringen möchte.

Was ist Schlaf überhaupt?

Schlaf bezeichnet den Zustand der äußeren Ruhe bei Tieren und Menschen. Gegenüber dem Wachzustand verändern sich die Vitalparameter (Puls, Atemfrequenz und Blutdruck). Sie nehmen im sogenannten NREM (Non-Rapid-Eye-Movement) Schlaf ab. Die Hirnaktivität verändert sich in dieser Phase ebenfalls. Der NREM Schlaf unterteilt sich in drei Phasen.

- N1:Sie ist der Übergang vom Wachzustand in den Schlaf
- N2: Stabiler Schlaf
- N3: Tiefschlaf-Phase

Die Unterscheidung aus medizinischer Sicht findet im EEG (Elektro - Enzephalogramm). Dort ist erkennbar, dass in den unterschiedlichen Schlafphasen des NREM Schlafs verschiedene Frequenzen aktiv sind.

In einer durchschnittlichen Nacht zwischen 7 und 8 Stunden durchlaufen wir mehrere dieser Zyklen. Sie beginnen mit N1, N2, N3, dann folgt wieder der N2 und dann der sogenannte REM Schlaf.

N1 Phase:
Sie ist das Bindeglied vom Wachzustand mit dem Schlaf. In dieser Phase sinkt der Muskeltonus langsam ab. Im EEG (Elektroenzephalogramm) werden Theta Wellen aktiv. Bei gesunden Menschen ist das ein Anzeichen von Müdigkeit. Die N1 Phase nimmt in etwa 5 Prozent unserer Schlafdauer in Anspruch.

N2 Phase:
In dieser Phase des Schlafes sind überwiegend Theta Wellen aktiv, der Muskeltonus, also die Spannung der Muskeln sinkt weiter ab. Die Augenbewegungen werden langsam und sind meist als rollende Bewegungen erkennbar. Der Anteil an der Schlafdauer liegt etwa bei 50 Prozent.

N3 Phase:

Sie ist die Tiefschlafphase. Dabei sind im EEG Delta Wellen aktiv. In dieser Phase des Schlafes sind Menschen nur schwer erweckbar. In dieser Schlafphase ist die Hormonproduktion am stärksten. Vor allem das Wachstumshormon HGH (Human growth Hormon) wird in dieser Phase gebildet. Vielen dürfte es als Dopingsubstanz bekannt sein. Es wird benötigt, damit unser Körper neue Zellen bilden kann. Unser Körper heilt in dieser Phase Gewebe und regeneriert in dieser Phase am besten. Ideal verbringt man etwa 20 Prozent des Schlafes in dieser Phase.

Während des sogenannten REM (Rapid-Eye-Movement) Schlafs ist die Traumphase am intensivsten. Es wird dem REM Schlaf nachgesagt, dass er die menschliche Kreativität steigert. In der Literatur findet man viele sich widersprechende Hypothesen zum REM Schlaf. Entzieht man Menschen diese Schlafphase, kommt es zu vermehrten sexuellen und aggressiven Verhaltensweisen. Auch das Gedächtnis- und das Lern- und Konzentrationsvermögen wird beeinträchtig. Andere Menschen verkraften den Entzug von REM-Schlaf nahezu ohne Beeinträchtigungen. Während bei einigen Tieren der Entzug des REM Schlafs zum Tod führt, scheint er beim Menschen nur zu den beschriebenen starken Beeinträchtigungen zu führen.

Wir durchlaufen in der Nacht mehrere Tiefschlafphasen, die zunehmend intensiver werden. Das bedeutet allerdings auch, dass unser Körper bei Schlafmangel im REM Schlaf verbleibt. Somit können wir auch keinen Schlaf nachholen oder gar vorschlafen. Aus diesem Grund ist es auch ratsam, eine feste Schlafens- und Aufstehzeit fest in unseren Alltag zu integrieren und diese nach Möglichkeit an Wochenenden und an freien Tagen beizubehalten.

Schlaf begleitet uns vom Anfang des Lebens bis zu unserem letzten Tag. Menschen, die gut schlafen, nehmen ihn kaum wahr. Erst wenn wir schlecht schlafen, fällt es uns auf, und wir spüren, wie wichtig ein gesunder, erholsamer Schlaf wirklich ist. Langanhaltender Mangel an Schlaf oder an Schlafqualität lässt die

Leistungsfähigkeit rapide sinken.

Man unterscheidet zwischen zwei sogenannten Schlaftypen. Den Eulen und den Lerchen. Heute findet man dafür die Bezeichnung „Chronotyp". Der Chronotyp beschreibt den Schlafcharakter eines Menschen. Meist hat es noch nicht einmal mit den zu Bett geh Zeiten zu tun, sondern ist abhängig vom individuellen Tagesrhythmus.

Der Chronotyp ist genetisch bedingt. Somit muss man sich mit diesem anfreunden.

Was Unterscheidet Eulen und Lerchen?

Die Eule bleibt normalerweise lange wach und geht somit spät zu Bett, benötigt einen Wecker, um im Alltag rechtzeitig Termine wahrzunehmen. Abendmenschen neigen auch dazu eher einen Mittagsschlaf zu machen und lassen häufig das Frühstück stehen. An den freien Wochenenden schlafen die Eulen meist sehr lange aus.

Lerchen wachen ohne Wecker auf, frühstücken ausgiebig und sind am Morgen meist guter Stimmung. Lerchen sind am Tag nicht wirklich müde und gehen eher früh zu Bett.

Sie finden sich nicht ganz wieder? Dann liegt das daran, dass es auch eine dritte Gruppe von Menschen gibt. Viele sind weder Lerchen noch Eulen.

Vielmehr leben viele heute gegen ihren eigentlichen Chronotypus an. Unsere heutige Arbeitsgesellschaft ist nicht auf Chronotypen ausgelegt. Wir müssen zu einem Zeitpunkt am Morgen im Büro sein und dann unsere auferlegten Pflichten erfüllen.

Welcher Chronotyp sind Sie?

Wenn sie erst einmal wissen, welcher Chronotyp Sie sind und Ihren Alltag in Gedanken durchgehen, dann fällt Ihnen vielleicht direkt der Zusammenhang zwischen Hochs und Tiefs auf, die Sie über den Tag verteilt durchleben. Lerchen sind in aller Regel am Vormittag sehr leitungsfähig. Sie sollten wichtige

Aufgaben immer auf diese Zeitspanne legen. Auch wichtige Termine in diesen Phasen wahrnehmen.

Eulen müssen, weil sie auch zur selben Zeit wie Lerchen ihre Arbeit aufnehmen, den ganzen Tag über hinter der Zeit hinterherrennen. Sie haben eine Art Jet-Lag. Ihr Körper befindet sich in einer anderen Zeitzone. Der Körper wird in dieser Phase mit Koffein gepuscht, um richtig zu funktionieren.

Wie finden Sie jetzt heraus, zu welchen Zeiten sie am besten arbeiten können? Meinen circadianen Rhythmus habe ich unter zu Hilfenahme eines Tagebuches gemacht. Dabei notierte ich mir, wann war ich besonders leistungsfähig, wann hatte ich Tiefpunkte, wann gegessen, wann Pausen gemacht. Das Ganze über einen längeren Zeitraum. In meinem Fall 8 Monate. Vergleicht man dann die Tage miteinander, stellt man zuerst einmal fest, welcher Chronotyp man ist. Dann findet man auch sehr schnell seine leistungsfähigsten Intervalle am Tag heraus. Was die Schlafdauer anbelangt, empfehle ich Ihnen unterschiedliche Schlafzeiten zu probieren.

Unser Tagesrhythmus lässt sich sehr gut in Intervalle von 90 Minuten einteilen. Eine Zeitspanne, die auch unsere Schlafzyklen benötigen. Also einmal in 90 Minuten durchlaufen wir alle Schlafzyklen. Laut der Schlafstudie der Techniker Krankenkasse aus dem Jahr 2017 schlafen wir Deutschen im Durchschnitt knapp 7 Stunden. Ich schlafe in der Regel sechs Stunden. Das entspricht vier Schlafzyklen à 90 Minuten. Damit komme ich am besten klar und bin auch am Tag entspannter und leistungsfähiger. Sie sollten es einmal ausprobieren, wie viele Schlafzyklen sie benötigen. Fangen Sie mit vier an und steigern dann, wenn Sie merken, dass sie nicht ausgeschlafen sind, auf fünf Schlafzyklen à 90 Minuten. Sie werden sehr schnell die Unterschiede feststellen und haben dann eine gute Schlafdauer gefunden. Im Idealfall sollten Sie auch an den freien Tagen bei diesem Schalfritual bleiben. Sollte es einmal am Abend später werden, dann rechnen Sie von Ihrer Aufstehzeit zurück, welche Anzahl von Schlafzyklen Ihnen noch verbleiben und gehen dann zu diesem Zeitpunkt ins Bett. Stehen Sie allerdings wieder zur gewohnten Zeit auf.

Beispiel:
Sie stehen immer um 6 Uhr morgens auf und benötigen fünf
Schlafzyklen. Das bedeutet, Sie schlafen 7,5 Stunden in der
Nacht und müssen so um 22:30 Uhr zu Bett gehen. Sollten Sie
am Abend allerdings erst um 23 Uhr nach Hause kommen, dann
reduzieren Sie ihre Schlafzeit um einen Zyklus und gehen dann
um 0:00 Uhr zu Bett. Sie haben dann zwar nur vier Schlafzyk-
len, jedoch den Vorteil, dass Sie wahrscheinlich nicht in einer
Tiefschlafphase geweckt werden. Somit fällt der verlorene
Schlafzyklus nicht ins Gewicht

Warum schlafen wir so schlecht?

Es gibt viele Faktoren, die die Schlafqualität beeinflussen.
- Krankheit
- seelische Probleme / Einschränkungen
- körperliche Probleme
- Gesundheit
- Ernährungsgewohnheiten
- Belastungen im Beruf-/Privatleben
- Umwelteinflüsse
- Schlafraum und Bett
- Schnarchen
- Schlafapnoe
- Fieber
- Harndrang

Auf den ersten Blick scheinen das sehr viele Faktoren, die unseren Schlaf beeinflussen können. Allerdings erkennt man auf den
ersten Blick auch, dass man an vielen Faktoren Veränderungen
vornehmen kann, um die Qualität des Schlafes zu steigern.

Laut der Studie der Techniker Krankenkasse aus dem Jahr
2017 leiden ein Drittel der Angestellten an Schlafstörungen ver-
schiedener Ursache, mit steigender Tendenz.

Die auftretenden Störungen gehen von zunehmender

Erschöpfung tagsüber bis zu schwerwiegenden Folgen. Bei Schlafmangel, oder auch schon mangelnder Schlafqualität kann unser Körper sehr schnell in einen sogenannten Sekundenschlaf verfallen und gefährliche Situation auslösen. Zum Beispiel im Straßenverkehr. Nach einer Studie der DLR (Deutsches Luft- und Raumfahrtzentrum) gehen 18,5 Prozent der Unfälle auf das Konto von Müdigkeit, nachts verursachte Unfälle sogar zu 42 Prozent.

Wichtig anzumerken ist, dass es auch Schlafstörungen gibt, die Sie nicht mehr selbst in den Griff bekommen können. In solchen Fällen suchen Sie immer einen Arzt auf. Er kann Ihnen helfen, wieder zu einem guten Schlaf zurückzufinden.

Aufstehen

In unserer heutigen Leistungsgesellschaft unterliegen wir vielen Zwängen. Wir reisen um die Welt, sind stets erreichbar, ein geregeltes Leben zu führen wird immer schwieriger. Man neigt dazu, einen etwas längeren Abend mit einer etwas längeren Schlafzeit auszugleichen. Sinnvoller ist es allerdings, sich eine feste Aufstehzeit zu suchen. Die feste Aufstehzeit wird schnell zu einem Ritual und ist für unseren Körper wichtig. Früher wurde diese Aufstehzeit an den Sonnenaufgang gekoppelt. Durch elektrisches Licht können wir heute aber den Tag etwas verlängern.

Die Frage ist nur, wie findet man seine individuelle Auftstehzeit? Ratsam ist es, seine Tagesverläufe in einem Schlaftagebuch festzuhalten, im Idealfall über einen Zeitraum von 3 bis 5 Monaten. Anhand der Aufzeichnungen sollte jeder in der Lage sein, seine individuelle Aufstehest zu finden. Denken Sie aber daran, dass diese Aufstehzeit auch für Wochenenden und freie Tage gilt. Sind sie eher eine Eule, stehen also lieber spät auf, dann suchen Sie sich die späteste mögliche Aufstehzeit. Nur so entfernen Sie sich nicht zu weit von Ihrem circadianen Rhythmus. Suchen Sie sich auch eine Aufstehzeit aus, die Ihnen noch Zeit gibt, sich nach dem Schlaf fertigzumachen. Zu Beginn werden Sie einen Wecker benötigen, aber schon bald werden Sie automatisch zu Ihrer Aufstehzeit wach werden.

Vor dem Schlaf

Was Sie vor Ihrem Schlaf machen, hat einen erheblichen Einfluss darauf (ihren Schlaf). Was Sie direkt nach dem Aufwachen tun, hat einen erheblichen Einfluss auf ihren Tagesablauf. Sie sollten sich genügend Zeit vor und nach dem Schlaf einplanen. Damit Ihr Körper vor dem Zu-Bett-gehen herunterfahren kann und nach dem Aufstehen in die Lage versetzt wird, sich den Herausforderungen des Tages zu stellen.

Somit steigt die Gesamtzeit, die wir am Tag für unseren Schlaf benötigen noch um etwa zwei Stunden an. Sie brauchen sich allerdings keine Sorgen zu machen. Sie müssen sich in dieser Zeit nicht nur mit Ihrem Schlaf beschäftigen, entspannen Sie sich etwas bevor sie zu Bett gehen und machen Sie keine Dinge, die negativ beeinflussen könnten.

Suchen Sie sich ein möglichst einfaches Schlafritual, dass sie nach Möglichkeit auch auf Geschäftsreisen durchführen können. Essen Sie zwei bis drei Stunden vor dem Schlafen möglichst keine großen Mahlzeiten und vermeiden Sie größere Mengen Alkohol. Mit Alkohol wird man zwar schnell müde, allerdings leidet die Schlafqualität erheblich, und das Durchschlafen kann beeinträchtigt sein. Ich habe für mich vor längerer Zeit die Meditation entdeckt. Sie verhilft mir recht schnell, in einen entspannten Zustand zu kommen und bereitet mich so auf das Einschlafen vor. Es gibt mittlerweile sogar spezielle Apps für Mediation auf ihrem Smartphone. Ich kenne Menschen, die es mögen, noch einen kleinen Spaziergang an der frischen Luft zu machen und sich dann ins Bett begeben. Sie merken schon, diese Phase des Schlafes ist eine sehr breit gefächerte. Probieren Sie einfach aus, was für Sie am besten ist.

Hier einige Tipps:

- Lesen
- Entspannungsmusik hören
- Meditation
- Spaziergang an der frischen Luft
- Lesen und beantworten Sie keine E-Mails mehr in der Schlafvorbereitung
- Legen Sie sich eine Uhrzeit fest, ab der Sie keine E-Mails mehr lesen, beantworten und auch keine Anrufe mehr entgegennehmen
- Herunterfahren technischer Geräte (Tabletts, Laptop, Smartphone und Fernseher), das künstliche Licht beeinträchtigt ihren Schlaf
- Keine technischen Geräte im Schlafzimmer, vor allem keine mit einem Stand-By Licht

Einige meiner Kunden haben ihren E-Mail-Signaturen einen Zusatz beigefügt, dass sie nur zwei oder maximal drei Mal am Tag ihre Mails kontrollieren und beantworten. Eine meiner Meinung nach sehr guter Idee. Hinterfragen sie sich doch einmal selbst. Muss ich wirklich bei jeder Nachricht direkt auf mein Handy schauen und prüfen wer mir eine Nachricht hinterlassen hat? Sind die Nachrichten, die ich erhalte, wirklich so wichtig, dass ich ständig jede direkt überprüfen und lesen muss?

Nach dem Schlaf?

Greifen Sie direkt nach dem Augenöffnen schon zu Ihrem Mobiltelefon, überprüfen eingegangene Nachrichten und Neuigkeiten in den sozialen Netzwerken? Machen Sie das in keinem Fall. Sollten es schlechte oder unangenehme Nachrichten sein, das könnte sich bereits negativ auf Ihren weiteren Tagesverlauf auswirken.

Nehmen Sie sich Zeit, werden Sie erst einmal richtig wach. Lassen Sie Tageslicht herein und wenn möglich auch noch frische Luft. Gehen Sie positiv in den Tag. Legen Sie sich ein

Morgenritual zu. Kümmern Sie sich erst um ihre E-Mails oder um andere Nachrichten, nachdem Sie wirklich wach sind.

Wenn Sie wirklich entspannt in den Tag starten wollen, versuchen Sie es doch einmal mit Meditationen oder Yoga Übungen. Es gibt so viele Möglichkeiten. Probieren Sie verschiedene Möglichkeiten aus und nehmen Sie dann die, die Ihnen am besten gefällt die sich auch ideal in Ihren Tagesablauf integrieren lässt. Machen Sie das zu Ihrem morgendlichen Ritual. Die ersten vier Wochen sind sicherlich schwierig, wenn sich Ihr Körper daran gewöhnt hat wird es Zusehens einfacher.

Bringen Sie sich morgens nicht in Zeitdruck. Stellen Sie den Wecker rechtzeitig und nutzen Sie in keinem Fall die Snooze Funktion. So bringen Sie sich morgens nur in Stress, der Ihren gesamten Tagesablauf durcheinanderbringen kann und sich auch negativ auf Ihre Stimmung auswirkt. Berücksichtigen Sie in jedem Fall auch Ihren Tagesrhythmus. Bleiben Sie stets bei Ihrer idealen Aufstehzeit.

Der Schlafraum

Wir sollten in erster Linie einmal dafür sorgen, dass der Schlafraum über eine angenehme Temperatur verfügt. Sie sollte zwischen 16 und 18 Grad Celsius liegen. So kann unsere normale Körpertemperatur über die Nacht sehr gut gehalten werden. Der Schlafraum sollte überdies auch abgedunkelt sein und nach Möglichkeit sollten keine störenden Lichter von elektronischen Geräten sichtbar sein. Sie können Ihren Schlaf nachhaltig stören.

Eine weitere wichtige Komponente ist die relative Luftfeuchtigkeit im Schlafraum, sie sollte bei etwa 50% liegen, damit unsere Schleimhäute im Mund- und Rachenraum nicht austrocknen.

Versuchen Sie, so gut es geht, Lärm zu vermeiden. Lärm kann auf Dauer zu gesundheitlichen Störungen führen.

Die Zudecke sollte der Jahreszeit entsprechen und weder zu warm noch zu kalt sein. Bei einer zu warmen Decke kommt es schnell zu einer Überhitzung des Körpers und damit verbunden auch zu Schwitzen und schlechtem Schlaf.

Die Kopfkissenfrage, ob es ein großes (80x80cm) Kuschelkissen sein soll oder ein kleineres Kissen (40x80cm), ist eine Geschmacksfrage. Persönlich ziehe ich Kissen der Größe 40x80cm vor. Schon aus dem Grund, dass man diese Kissen auf Reisen innerhalb Deutschlands sehr gut mitnehmen kann. Die wenigsten Kissen in Hotels bieten eine geeignete Stützkraft und führen damit ebenfalls zu einem schlechten Schlaf.

Das Kissen ist einer der wichtigen Faktoren, ob wir einen erholsamen Schlaf finden. Sollte die Höhe nicht passen kommt es morgens meist zu Verspannungen im Halswirbelbereich.

Eine Beratung durch einen Fachmann kann in solchen Fällen sehr hilfreich sein. Einige Kissen auf dem Markt sind in ihrer Höhe auch anpassbar. Das hat den Vorteil, dass man bei unterschiedlich festen Schlafunterlagen auch unterschiedliche Höhen einstellen kann und es so möglich ist, das Kissen auf den eigenen Körper und die Schlafunterlage vor Ort abzustimmen.

Bei Matratzen scheiden sich die Geister. Was soll es sein? Eine Kaltschaum-, eine Federkern-, eine Viskoelastische- oder eine Gelmatratze? Oder am Ende eine One-fits-All Matratze, wie sie viele Internetanbieter im Sortiment haben.

Diese Frage zu beantworten ist nicht ganz so einfach, wie es auf den ersten Blick erscheint. Am besten vertraut man sich einem Fachhändler an, der eine eingehende Analyse bestehender Probleme und Wünsche vornimmt und dann Empfehlungen abgibt. Vielleicht bietet er Ihnen auch die Möglichkeit, eine Matratze zu testen, also zu Hause in Ihrem Bett. So können Sie sicher sein, keinen Fehlkauf zu machen.

Von „One-Fits-All" kann ich aus eigener Erfahrung nur abraten. Sicherlich klingt es verlockend, wenn ein Produkt für alle Menschen passen soll. Aus der jahrelangen Erfahrung aus unserem Geschäft kann ich nur sagen, dass es sehr viele Kunden gibt, die jetzt Probleme mit den Matratzen haben. Sie können nicht mehr erholt schlafen und möchten die Produkte schnell wieder austauschen.

Es gibt einfach zu viele unterschiedliche Körperformen und auch Körpergewichte, so dass eine Matratze, die alles abdecken kann, nicht funktionieren kann. Es gibt ja auch nicht die eine Jeans oder den einen Anzug, der jedem passt.

Das ideale Bett

So unterschiedlich wie wir Menschen in Körperbau, Körpergröße und unseren persönlichen Präferenzen sind, so unterschiedlich müssen auch unsere Betten sein. Das „ideale Bett" für alle ist ein Wunschdenken, das auch durch die ganzen Matratzen Start-Ups, die eine Matratze im Sortiment haben und damit alle Menschen optimal schlafen lassen wollen, nicht erreichen werden.

Das ideale Bett ist somit ein Bett, welches den Menschen in allen Schlaflagen richtig stützen muss. Die Wirbelsäule spielt dabei eine entscheidende Rolle. Die bevorzugte Schlaflage vieler Menschen ist die Seitenlage. Einige Schlafexperten empfehlen auch auf der nicht dominanten Seite zu schlafen. Also der Rechtshänder sollte auf der linken Seite liegen und umgekehrt. In der Seitenlage sollte die natürliche Form der Wirbelsäule gewahrt bleiben, und die Muskulatur sollte entspannt sein. Um diese Lage zu erreichen, benötigt man eine Matratze und den dazugehörigen Lattenrost mit einer komfortablen Schulterzone. Durch das Einsinken der Schulter wird die natürliche Form der Wirbelsäule unterstützt und die Lage des Kopfes und des Nackens bleibt entspannt.

Aus welchem Material die Matratze oder das gesamte Bett besteht, hängt von ihrer Präferenz ab. Auch Boxspring-Betten bieten diese Möglichkeiten.

Sie fragen sich sicher, was kostet eine gute passende Matratze? Es werden ja schon Matratzen für unter 100 € angeboten, und es gibt welche für 1000€ und mehr. Die Preisunterschiede sind enorm, wie die Qualität auch. Die Preisunterschiede liegen in den meisten Fällen schon beim Raumgewicht begründet. So kann man eine günstige Matratze mit einem Raumgewicht von

30 bis 35 kg/m^3 bekomme. Hochwertige und damit auch teurere Matratzen haben oft ein Raumgewicht von 50 bis 70 kg/m^3. Matratzen mit hohen Raumgewichten sind meist sehr lange haltbar und bilden auch nach langer Nutzungsdauer keine Kuhlen aus. Auch die Qualität der Matratzenbezüge hängt wesentlich mit dem Kaufpreis zusammen. So gibt es Bezüge aus Naturmaterialien, aus günstigen Fasern oder aus hochwertigen Klimafasern.

Zusammenfassend ist die ideale Matratze die, die Sie richtig stützt, die weder zu weich noch zu fest ist. Eine eingehende und unverbindliche Beratung in einem Fachgeschäft hilft meist weiter. Alternativ können Sie auch einen Schlafcoach als Kaufberater buchen, der Sie auf der Suche nach der idealen Schlafunterlage unterstützt. Das ist in der Regel günstiger als ein teurer Fehlkauf. Denken Sie auch daran, dass ein gutes Schlafsystem (Matratze und Lattenrost) auch 10 Jahre lang hält. Kostet Sie das Schlafsystem 4000€, dann sind das bei einer Nutzungsdauer von 10 Jahren nur etwa 0,54€ pro Nacht. Sie geben wahrscheinlich deutlich mehr für unwichtigere Dinge aus, die Sie wahrscheinlich nicht so lange nutzen.

Jetlag

Ist eine Störung unseres Schlaf-Wach-Rhythmus. Sie tritt in Zusammenhang mit schnellen Reisen über mehrere Zeitzonen auf. Dabei ist die innere Uhr nicht mehr mit der Ortszeit synchron. Tageslicht und Dunkelheit treffen zu unerwarteten Zeiten auf unseren circadianen Tagesrhythmus. Die Körpereigenen Abläufe, wie Hormonproduktion, Körpertemperatur, Blutdruck, Herzfrequenz, Essenszeiten und Schlafenszeiten sind nicht mehr in ihrem Rhythmus. Dadurch kommt es zu körperlichen und psychischen Beschwerden.

Flugreisen nach Osten haben anscheinend einen stärkeren Effekt auf unseren Körper oder werden als stärker empfunden. Das bedeutet, dass wir augenscheinlich länger am Abend wach bleiben können als morgens früher aufzustehen.

Beispiel 1:
Flug nach Westen von Frankfurt am Main nach New York City

	Empfundene Zeit	Ortszeit New York
Abflug	11:00 Uhr	05:00 Uhr
Ankunft	19:40 Uhr	13:40 Uhr
Schlafenszeit	04:30 Uhr	22:30 Uhr

Beispiel 2:
Flug von Frankfurt am Main nach Tokio

	Empfundene Zeit	Ortszeit Tokio
Abflug	18:10 Uhr	01:10 Uhr
Ankunft	07:10 Uhr	12:15 Uhr
Schlafenszeit	04:30 Uhr	22:30 Uhr

Verhaltensregeln:

- Mentale Vorbereitung durch Umstellung der Uhr. Stellen Sie vor dem Abflug oder während des Fluges die Uhrzeit auf die vor Ort gültige Zeit ein.
- Sorgen Sie während des Fluges für ausreichende Flüssigkeitsaufnahme
- Am Zielort angekommen, nehmen Sie den dortigen Tagesrhythmus auf.
- Verbringen Sie möglichst viel Zeit an der frischen Luft, auch wegen dem Wechsel von Hell und Dunkel
- Vermeiden Sie nach Möglichkeit körperlich anstrengende Tätigkeiten, kurz nach der Ankunft
- Möglichst keinen Alkohol, er fördert zwar das Einschlafen, behindert aber das Durchschlafen
- Nehmen Sie auch in solchen Fällen möglichst keine Medikamente, wie Schlafmittel ein

Bei Flügen nach Westen kommt es nach der Ankunft am Zielort mehrt zu frühem Aufwachen und einer stark ausgeprägten Müdigkeit am Nachmittag. Sollten Sie einen Flug in diese Richtung planen und haben Zeit, sich darauf vorzubereiten, dann bleiben Sie abends länger auf und schieben Ihre Weck Zeit etwas nach hinten. Bei Flügen nach Osten kommt es eher zu Einschlafstörungen und zu morgendlicher Müdigkeit. Bei längerer Vorbereitung kann man die Weck Zeit stufenweise nach vorne verlegen. Dafür kann man sich eine Tageslichtlampe besorgen. Gleichzeitig dazu sollte man abends früher zu Bett gehen.

Wie schon erwähnt, funktionieren diese Tipps gut, leider werden die wenigsten die Zeit und den Freiraum haben, sich so auf längere Flüge vorzubereiten. Einen Einfluss der Ernährungsgewohnheiten auf das Jetlag Syndrom konnte bisher noch nicht in Studien nachgewiesen werden.

Zusammenfassung

1. Legen Sie sich ein Schlaftagebuch an, oder laden sie sich meine Vorlage unter www.karsten-kroll.com/downloads/ schlaftagebuch-vorlage/ herunter. Führen Sie das Tagebuch über einen Zeitraum von mindestens zwei Monaten, wenn Sie nicht in der Lage sind, es täglich zu schreiben, dann füllen Sie es für mindestens vier Monate aus.

2. Beobachten Sie ihre täglichen Abläufe und analysieren Sie, wann sind Sie am leistungsfähigsten.

3. Nach der Analyse teilen Sie Ihren Tag in 90 Minuten Phasen ein. Wann können Sie eine kurze Pause machen? Stören Sie auch die ständigen E-Mails, die Ihren geplanten Ablauf durchkreuzen? Fragen Sie sich, ob Sie wirklich jederzeit die E-Mail Nachrichten sofort beantworten müssen oder ob es auch für Sie Sinn ergibt, diese nur drei Mal am Tag zu lesen und zu beantworten.

4. Finden Sie Ihre optimal Aufstehzeit. Wann müssen Sie aufstehen, damit Sie noch ein kleines Morgenritual unterbringen und nach Möglichkeit nicht gestresst zu Ihrem Arbeitsplatz kommen.

5. Testen Sie aus, wie viele Schlafzyklen à 90 Minuten Sie benötigen. Beginnen Sie mit vier Zyklen und steigern Sie, wenn diese nicht ausreichen. Probieren Sie es gerne über einige Tage aus. Geben Sie nicht schon nach der ersten Nacht auf. Unser Körper muss sich an neue Gewohnheiten erst gewöhnen. Denken Sie auch an die magischen Momente, die ein frühes Aufstehen haben kann. Viele Topmanager stehen sehr früh auf, machen etwas Sport am Morgen und gehen dann erst ihren Aufgaben nach.

6. Haben Sie die optimale Schlafdauer und Ihre Weck Zeit gefunden, dann rechnen Sie zurück, um welche Zeit Sie zu Bett gehen müssen.

7. Schaffen Sie sich ein Ritual vor dem Schlafen ein. Lesen Sie keine Mails mehr kurz vor dem Schlafen. Sie können Ihren Schlaf nachhaltig beeinträchtigen.

8. Verzichten Sie kurz vor dem Einschlafen auf schwere Nahrungsmittel und verzichten Sie, wenn möglich, auf alkoholische Getränke. Sie bringen Sie zwar zum besseren Einschlafen, behindern allerdings auch das Durchschlafen. **9.** Sollten Probleme beim Schlaf auftreten, wie zum Beispiel Rückenschmerzen, die sich in der Nacht verstärken, Schulterprobleme oder gar Schmerzen in Schulter, dann suchen Sie nach Möglichkeit einen Fachberater auf, der sich Ihre Schlafsituation vor Ort anschaut und diese analysiert. Er kann Ihnen helfen, einen besseren Schlaf zu finden. Benötigen Sie Hilfe, dann holen Sie sich einen Schlafcoach oder Berater, der dies mit Ihnen gemeinsam anschaut und Sie bei einer möglichen Neuanschaffung unterstützt.

Epilog

Ich hoffe, dass ich Ihnen einen kurzen Überblick über die Relevanz von gutem Schlaf geben konnte. Sollten Sie Fragen und Anregungen haben, können Sie mich gerne über meine Homepage kontaktieren: www.karsten-kroll.com
Ich wünsche Ihnen einen guten Schlaf und ein erfolgreiches Arbeitsleben.

Erkenntnisse eines Leitwolfes

Aisun Dodenhoff

Profil – Aisun Dodenhoff

Mutter von Dreien.
Zweifach geschieden und immer noch – oder gerade deshalb voller Liebe und Hoffnung.

– Diplom-Psychologin und Verhaltenstherapeutin.
– DARE-Guide und Innerwise-Coach.
– Unverbesserliche Optimistin.
– 12 Jahre Erfahrung als Beraterin in Großkonzernen und in der Auswahl des Top-Managements. Hier führt ihre Arbeit zu Vermeidung von millionenschweren Fehlern.
– Jahrelange Tätigkeit als Verhaltenstherapeutin.

Aus Überzeugung der Wechsel hin zur energetischen Potentialentfaltung.

Heute Expertin und Rednerin zum Thema Gleichwürdigkeit sowie zu den Themen Sex und Beziehungen.

Frau Dodenhoff bringt Einzelpersonen, Paaren und Unternehmern nahe, wie sie in ihrem Umfeld, ihren Familien, in ihren Beziehungen und in ihren Unternehmen mit einem gleichwürdigen Umgang maßgebliche Verbesserungen erreichen und ein erfülltes Leben in Glück und Zufriedenheit leben können.

Mit Begeisterung, inspirierenden Inhalten und einem großen Erfahrungsschatz überzeugt sie ebenso auf der Bühne wie auch in Coachings und Seminaren.

Das zweite Buch und das dritte Kind sind auf dem Weg.

Frau Dodenhoff lebt mit ihrem Lebensgefährten in Berlin.

Kontakt: Web: www.aisun.eu / Facebook: aisun.dodenhoff / instagram: aisundodenhoff

Erkenntnisse eines Leitwolfes – Wie Gleichwürdigkeit Ihr Leben verändern kann oder was Sie aus meinem Elite-Coaching lernen können

Warum sollten Sie diesen Text lesen?

Ich möchte Ihnen etwas über Claudio erzählen. Claudio ist ein erfolgreicher Unternehmer, inzwischen, nach dem Verkauf seines Unternehmens Privatier und passionierter Tennisspieler. Ich durfte ihn in meinem Elite-Coaching-Programm begleiten.

Durch meine langjährige Tätigkeit als Psychologin, meine 12-jährige Erfahrung in der Auswahl und im Coaching von Führungskräften und mit meiner Expertise zum Thema Gleichwürdigkeit wurde mir schnell klar, worauf ich bei Claudio den Fokus zu legen hatte.

Es ging darum, seine Kontrollmuster zu erkennen und in den unterschiedlichen Bereichen (Firma, Kinder, Beziehung) das Thema Gleichwürdigkeit zu beleuchten.

Unsere gemeinsame Arbeit führte dazu, dass Claudio einen wunderbaren Kontakt zu seinen Kindern aufbauen konnte, er heute eine erfüllte und intensive Beziehung hat und er sein Unternehmen umstrukturieren und schließlich höchst erfolgreich verkaufen konnte.

Wenn Sie also einen Weg finden möchten, ein glücklicheres und erfolgreicheres Leben zu führen, dann lesen Sie das folgende Beispiel und schauen Sie, was Sie davon auf sich und Ihr Leben übertragen können.

Ich werde einen kurzen Überblick über die Kontrolldramen geben. Dann werde ich Ihnen zunächst das Beispiel von Claudio nahebringen. Im Anschluss zeige ich Ihnen die Kontrollmuster im Einzelnen auf. Und schließlich möchte ich Ihnen eine meiner Reden mitgeben, in denen ich das Thema Gleichwürdigkeit zusammenfasse und bündele.

Warum - verdammt - bist du so nervig???

Bevor ich Ihnen das Beispiel von Claudio aufzeige, ist es wichtig zu verstehen, welche unbewussten, aber bedeutsamen Kontroll-Muster, die auch in Ihnen stecken, hinter dem Beispiel im Verborgenen liegen. Muster, die immer wieder in zwischenmenschlichen Interaktionen zu finden sind, mit gravierenden Folgen für unsere Gesellschaft, für Ihre Mitarbeiter und Kollegen und auch für Sie und Ihre Kinder. In dem Coaching-Beispiel werden Sie erkennen, wie entscheidend dieses unbewusste Kontroll-Muster für den Umgang des Klienten mit seinen Kindern und seinen Mitarbeitern war.

Ich spreche von den vier Kontroll-Mustern. Erstmal sind diese in den Prophezeiungen von Celestine erwähnt.

Wir alle wünschen uns Aufmerksamkeit und Zuwendung von unseren Mitmenschen. Ohne diese Aufmerksamkeit hätten wir als Kinder nicht überlebt und ohne diese können wir auch heute nicht glücklich werden. Nun haben wir als Kinder unterschiedliche Rollen und Verhaltensweisen entwickelt, wie wir am besten an die Aufmerksamkeit unserer Eltern oder nahen Bezugspersonen herankommen. Je nach Bezugspersonen, persönlichem Umfeld und Veranlagung bilden wir unterschiedliche Muster heraus.

Es gibt vier Möglichkeiten die Aufmerksamkeit und somit auch Energie von unseren Mitmenschen zu gewinnen, die sowohl abgeschwächt als auch in Mischformen auftreten können. Diese Möglichkeiten möchte ich wie folgt benennen:

Der Einschüchterer

Die Verhörbeamtin

Das arme Ich

Die Unnahbare

Im nächsten Kapitel können Sie diese Kontrolldramen im Detail nachlesen. Doch nun möchte ich Ihnen zunächst Claudio und seine Geschichte aus meinem Elite-Coaching-Programm nahebringen. Ich lade Sie ein, die Kontroll-Muster und Interaktionsdramen im Beispiel zu entdecken. Was bringt der Klient für ein Muster mit? Wie reagiert sein Umfeld darauf und welche

Gegenmuster entstehen? Und schließlich was haben Sie davon, das alles zu wissen?

Who the fuck is Claudio ?

Ich habe Claudio auf einem Seminar kennengelernt. Wir waren beide Teilnehmer und haben schnell gespürt, dass es eine Anziehungskraft zwischen uns gibt, bzw. eine Ebene, auf der wir sehr gut interagieren. Kurze Zeit später war klar, dass er ein Coaching-Programm bei mir buchen würde.

Wir hatten viel Zeit und Gelegenheit gehabt, bereits während das Seminars seine aktuelle Situation zu besprechen. Ich hatte vieles gehört, vieles kennengelernt, welche Themen Claudio bewegten.

Claudio ist Unternehmer. Er hat eine eigene Firma, die er 30 Jahre lang aufgebaut, vergrößert und geleitet hat. Er hat ca. 50 Mitarbeiter und seine Firma ist in der Fertigungsindustrie tätig. Er ist geschieden, hat zwei erwachsene Söhne und lebt seit der Trennung von seiner Freundin seit ca. sechs Monaten allein. Er spielt sehr gerne Tennis, hat wenige, aber intensive Freundschaften und hat ein sehr hohes Aktivitätslevel. Er steht häufig früh auf, arbeitet viel und das sehr effizient. Er hat einen guten Blick, welches die wichtigen Hebel sind, mit denen er mit verhältnismäßig wenig Aufwand den größten Effekt erzielen kann. Er ist sehr zielstrebig. Er ist ein Leitwolf. Er geht voran, bestimmt und trifft schnelle Entscheidungen. Dabei kann er sich zu 100% auf einen von Geburt an „eingebauten Kompass" in seinem Bauch verlassen, welcher ihn sehr präzise vor Gefahren warnt und klare Signale gibt, welchen Menschen oder Projekten er vertrauen kann und welchen nicht.

Klingt doch super! Was hat Claudio denn nun für ein Problem?

• Unzufriedenheit mit dem Kontakt zu seinen Kindern
Claudio hat sich von seiner Familie getrennt als die Kinder 12 und 13 Jahre alt waren und hatte danach sehr wenig Kontakt zu seinen Kindern. Dieser sporadische Kontakt hat sich

fortgesetzt bis zum Zeitpunkt als wir das Coaching-Programm begannen. Einer seiner Söhne meldet sich fast gar nicht und reagiert nicht auf Anfragen. Mit dem anderen Sohn hat er alle paar Monate Kontakt.

• Unzufriedenheit mit seiner Firma
Der zweite Punkt war die Unzufriedenheit mit seiner Firma. Die große Frage war hier, was in Zukunft mit der Firma passieren sollte. Sollte er weiterhin fast seine gesamte Energie und Zeit in die Firma stecken und sie somit erhalten, um sie eventuell eines Tages seinen Söhnen zu übergeben? Oder sollte er eine größere Veränderung anstreben, die Firma eventuell verkaufen und etwas Neues beginnen?

• Unzufriedenheit mit seinen vergangenen Beziehungen
Claudio hatte seine Partnerinnen stets nach demselben Schema gewählt. Er war der Versorger und sie die Frau, die sich versorgen ließ. Inzwischen wünschte er sich eine Beziehung auf Augenhöhe mit gemeinsamen Lebensvisionen und einer gemeinsamen Weiterentwicklung.

Durch das Elite-Coaching-Programm gab es in den folgenden 12 Monaten die Möglichkeit einer Begleitung nach eigenem Ermessen und nach dem Bedarf von Claudio zu.
Dies ist die beste Voraussetzung um tatsächlich die hier erreichten, nachhaltigen und lebensverändernden Ergebnisse zu erzielen.

Was ist wirklich wichtig?

Auf dem Sterbebett werden wir uns nicht daran erinnern, was wir an Reichtümern angehäuft haben, sondern daran, wieviel Zeit wir mit unseren Lieben verbracht haben.

Nun sollte es als Erstes daran gehen, heraus zu finden, wie es zu diesem wenigen Kontakt mit Claudios Kindern gekommen war und welche Möglichkeiten er hatte, dies zu verändern.

Zunächst war mir nicht klar, warum es keinen guten Kontakt zwischen Vater und Söhnen gab. Ich erlebte Claudio als sehr zugewandt, aufmerksam und ich hatte den Eindruck, er habe ein gutes Gespür für sein Gegenüber. Im gemeinsamen Austausch erlebte ich ihn als offen und auch auf mich eingehend, so dass ich zunächst alle Voraussetzungen für eine gute Beziehung zu seinen Kindern wahrnahm.

In den verschiedenen Sitzungen, Gesprächen und Coaching-Formaten, die wir durchführten, wurde zunehmend deutlich, dass die Interaktion mit seinen Kindern eine ganz andere war, als die Interaktion mit Freunden oder mit mir. Ein ähnliches Verhalten erlebte ich auch in der Firma. Claudio trat bei seinen Söhnen und in seiner Firma fast schon autoritär auf. Er formulierte Forderungen, fasste sich kurz, und häufig klangen seine Aussagen wie Befehle. Claudio schien zudem Dinge missverständlich auszudrücken. Er hatte ganz andere Gefühle und Absichten, als er nachher in Worte kleiden konnte und so entstand ein anderes Bild bei seinem Gegenüber als es bei mir entstand, da ich die Zeit hatte, nachzufragen und tiefer zu gehen was tatsächlich hinter seinen kurzen Aussagen verborgen lag.

Hier ein Beispiel für diese uneindeutige, missverständliche Kommunikation: Sein jüngster Sohn hatte sein Abitur bestanden. Claudio wollte dies mit einem gemeinsamen Essen feiern. Wir hatten beschlossen, dass ich bei dem Essen dabei sein sollte, damit ich seine Interaktionen live erleben konnte. Auf dem Weg zu seinem Sohn sprach er ihm eine Nachricht auf: „Bring dein Zeugnis mit". Als sie sich dann trafen, hatte sein Sohn das Zeugnis mitgebracht und sie gingen zum Essen. Ich spürte direkt das Unbehagen des Sohnes sein Zeugnis mitbringen zu müssen.

Ich hatte vorher mit Claudio gesprochen, was sein eigentliches Bedürfnis mit dieser Aufforderung gewesen war. Er sagte, dass er seinem Sohn seinen Stolz und seinen Respekt dafür zu zeigen wollte, dass er die schwierigen Prüfungen für das Abitur geschafft hatte. Doch diese Botschaft war keineswegs bei seinem Sohn angekommen. Im Gegenteil. Sein Sohn hatte den Befehl gehört und „gehorcht".

Also ging es darum, Claudio deutlich zu machen, welche Botschaft bei seinem Sohn angekommen war, um so deutlich zu machen, wie sein Verhalten nach außen wirkte. Als ich sah, dass die Interaktion zwischen den beiden sich nicht auflösen ließ, dass der Sohn die Botschaft seines Vaters nicht von allein entschlüsseln konnte, schritt ich ein. Meine erste Frage an den Sohn war, wie er die Aufforderung seines Vaters: „Bring dein Zeugnis mit" empfunden habe, wie er sich dabei gefühlt habe.

Um dem Sohn die Antwort zu erleichtern und eine Gemeinsamkeit aufzubauen erzählte ich ein ähnliches Beispiel aus meinem eigenen Erleben mit Claudio. Dabei hatte er mich sehr direktiv aufgefordert, eine Coaching-Stunde auf einen konkreten Termin zu verlegen. Ich hatte mich damals fast gezwungen gefühlt, die Stunde auf diesen Termin zu legen. Also fragte ich den Sohn, ob es ihm ähnlich ergangen war. Ob er sich bei der Frage nach dem Zeugnis auch gezwungen, bzw. kontrolliert gefühlt hatte. Der Sohn bejahte dies! Er schien erleichtert, dass jemand ihn in diesem Erleben wahrnahm. Bisher war er wohl mit der Wahrnehmung, dass sein Vater dominant auftreten konnte sehr allein gewesen. Er hatte an seinen eigenen Empfindungen gezweifelt, da seine Wahrnehmung nicht durch andere bestätigt worden war.

Gleichzeitig beobachtete ich Claudio, der sehr erstaunt schien. Er hatte seine dominante, fast einschüchternde Wirkung selbst gar nicht wahrgenommen.

Können Sie das Kontroll-Muster bereits erkennen? Welches Muster nutzt Claudio? Und was würden Sie sagen, mit welchem Gegenmuster reagiert der Sohn?

Claudio wirkt mit seinen kurzen Aufforderungen und seiner

autoritären Ausstrahlung einschüchternd. Der Sohn hat gelernt, dass es keine wirkliche Möglichkeit gibt, diesen „Befehlen" zu entkommen und so reagiert er mit dem Muster des „Armen Ichs".

Nun fragte ich Claudio, was sein Anliegen mit dem Zeugnis gewesen war. Claudio beschrieb seine Intention, nämlich seinem Sohn Wertschätzung entgegen zu bringen und zu signalisieren, dass er stolz auf seinen Sohn war und sich mit ihm zusammen freuen wollte.

Als diese Bedürfnisse, die hinter den Handlungen standen, beiden deutlich wurden, kehrte eine erste Erleichterung zwischen Vater und Sohn ein. Es gab eine echte Begegnung, in der sich beide gesehen und gewertschätzt fühlten.

Es gab noch weitere Treffen zwischen Vater und Sohn, in denen es wichtig war, das Thema Gleichwürdigkeit vorzuleben und die auftretenden Kontroll-Muster zu benennen. Treffen, in denen ich deutlich machte, wie wichtig es ist, die eigenen Bedürfnisse klar auszudrücken, so dass das Gegenüber verstehen kann, was ihm wichtig ist. Treffen, in denen ich deutlich machen konnte, wie wichtig es ist, die Bedürfnisse des Sohnes wahrzunehmen, sie anzusprechen und gleichzeitig auch die eigenen Bedürfnisse zu schildern. Somit konnte ich zum einen in den gemeinsamen Treffen gleichwürdige Interaktion vorleben, gleichzeitig aber auch in der Interaktion beobachten, welche Missverständnisse auftraten und diese direkt klären und auflösen. Diese veränderten Interaktionen führten dazu, dass die beiden von sich aus wahrnahmen, welche Kontroll-Muster sie anwendeten und was die Kommunikation des anderen eigentlich bedeuten sollte. Bereits mit der Wahrnehmung dessen entspannte sich das Verhältnis zwischen den beiden.

Heute gibt es gemeinsame Urlaube von Vater und Sohn, es gibt immer wieder Aussprachen, in denen der Vater beispielsweise noch einmal erzählt, was ihn aktuell bewegt, und wie er die Trennung damals erlebt hat. Aussprachen, in denen der Sohn berichtet, wie er den Weggang des Vaters erlebt hat. Und es gibt gemeinsame Unternehmungen, in denen vieles nachgeholt wird, was in der Jugend aufgrund der Trennung der Eltern und aufgrund der vielen Missverständnisse verpasst wurde. Ein Vater-Sohn-Camp beispielsweise war eines der Anlässe, in denen verpasste gemeinsame Zeit nachgeholt wurde.

Geheimes Wissen – in Büchern versteckt
Eine zweite wichtige Intervention was den Kontakt zu den Kindern angeht, ist das Vermitteln von Informationen.

Wir behandeln unsere Kinder oder unser Gegenüber häufig so, wie wir es von unseren Eltern oder unserem Umfeld gelernt haben. So, wie es die Verletzungen, die wir alle in unserer Kindheit davongetragen haben, zulassen. Viele Menschen nennen das: „auf das eigene Bauchgefühl hören". Wenn wir allerdings im Umgang mit unseren Kindern ungefiltert und ohne neue Informationen rein auf unser Bauchgefühl hören, dann passiert es häufig, dass unser Verhalten von unseren prägenden Erlebnissen als Kind bestimmt ist. Wir tun, was wir gelernt haben und wiederholen so die gleichen Fehler oder Muster unserer Eltern. Oder wir steigen blind in die gelernten Kontroll-Muster ein und behandeln unsere Kinder nach dem Programm, welches uns am stärksten geprägt hat.

War unsere Mutter eine „Verhörbeamtin", so machen wir es entweder genauso oder wir haben gelernt, uns mit Unnahbarkeit zu schützen und interagieren so mit unseren Kindern. War unsere Mutter „unnahbar", so sind wir vielleicht in das Muster des „Einschüchterers" gefallen, so wie es bei Claudio der Fall war. Er hatte zudem noch das Muster des „Einschüchterers" bei seinem Vater erlebt und es so von einem Vorbild gelernt.

Was gegen dieses ungefilterte Bauchgefühl hilft ist: Wissen! Wir brauchen Informationen, was tatsächlich richtig und angemessen ist. So wie wir jede Sportart, jede Kunst oder jedes neue Hobby lernen, so brauchen wir auch Wissen über den Umgang mit Kindern oder mit anderen Menschen. Es reicht nicht aus, sich auf das Vorbild der wenigen Erwachsenen zu verlassen, von denen wir unser Verhalten gelernt haben. Zumal dieses Verhalten vor vielen Jahren hilfreich war und nicht mehr unbedingt den Anforderungen der heutigen Zeit entspricht.

Dieses Wissen vermittelte ich Claudio in Gesprächen, doch hauptsächlich mit vielen Anregungen und Hausaufgaben. Es gab eine Menge Literatur, die er sich in Form von Audiobüchern, Blogs, Büchern und Artikeln zu Gemüte führte. Wir besprachen diesen Input, reflektierten das Gehörte und verbanden es mit praktischen Erfahrungen in seinem Alltag.

Wenn Sie sich, wie Claudio, vertiefend mit dem Thema beschäftigen möchten, starten Sie mit den Empfehlungen am Ende dieses Textes.

Besserer Sex durch Gleichwürdigkeit?

Die nächsten Interventionsschritte, die zu Beginn der Begleitung gar nicht geplant waren, hatten mit Claudios Beziehung zu tun. Claudio lernte kurz nach unserem Kennenlernen eine Frau kennen, verliebte sich in sie und ging eine verbindliche Beziehung mit ihr ein.

Schon bald wurde auch diese Beziehung Thema in unserem Coaching. Auch hier ging es darum, die automatischen Muster seiner bisherigen Beziehungen zu erkennen und zu verstehen, um diese nicht unbesehen zu wiederholen. Claudio hatte in seinen vorherigen Beziehungen sehr klare Muster und Rollenverteilung gelebt. Er hatte sich in der Vergangenheit als der Versorger für seine Partnerin gesehen.

Einerseits zog er daraus Selbstbestätigung, da er viel Geld verdiente und seiner Partnerin einen angenehmen Lebensstandard ermöglichen konnte. So wurde nach außen hin sichtbar, dass er erfolgreich war. Seine Eltern hatten beide hart arbeiten müssen. Claudio war stolz darauf, dass seine Partnerin dies nicht musste.

Andererseits fühlte er sich unwohl in dieser Rolle und litt unter dem Modell, da dieses Prinzip des Versorgers das einzig tragende Element für seine Beziehung gewesen war. Seine Partnerin legte großen Wert auf das Versorgtwerden und erwartete dies von ihm. Das führte dazu, dass Claudio immer weniger gerne gab und ihm immer mehr an alternativen Themen außerhalb des Materiellen in der Beziehung fehlten. Als die erste Verliebtheit verflogen war, fühlte er sich immer weniger gesehen und sogar ausgenutzt.

Was die neue Beziehung betraf, warf ich nun die Frage auf, welches Rollenmodell er sich denn für die Zukunft wünschte. Spannenderweise hatte er sich zum ersten Mal in seinem Leben einen anderen Typ Frau ausgesucht. Er hatte eine Partnerin gewählt, die selbständig war, ihr eigenes Geld verdiente und die keinen großen Wert auf materielle Güter und das Thema Versorger legte. Sie wusste zu Beginn nichts von den Vermögensverhältnissen von Claudio, da sie ihn in einem ganz anderen Kontext kennengelernt hatte. Die Beziehung beruhte auf großem, gegenseitigem Respekt, auf einer tiefen Liebe und auf dem gemeinsamen Wunsch nach persönlichem Wachstum.

Das Thema Gleichwürdigkeit wurde auch in dieser Beziehung zum Thema. Was wir beobachten konnten, was sich durch die Begleitung und die immer wiederkehrenden Gespräche zum Thema Gleichwürdigkeit änderte, war der Umgang mit seiner Partnerin. Es gab keine klaren Rollenmodelle „Mann" hat jenes zu tun, „Frau" dieses, „Mann" ist der Versorger, „Frau" ist die Empfängerin oder die Haushälterin, sondern es gab klare Absprachen in dieser Beziehung. Es gab wechselnde Rollen und diese Rollen wurden klar definiert. Sowohl im Haushalt als auch bei finanziellen Themen, bei der Urlaubsplanung oder auch beim Sex. Die Rollen wurden zwischen den beiden Menschen gewechselt aber vorher klar definiert, so dass ein Umgang auf Augenhöhe entstand.

Das Ergebnis war eine sehr erfüllende Beziehung, in der sich beide sowohl zurücklehnen als auch aktiv sein konnten. In der beide zu unterschiedlichen Zeiten voll und ganz geben und nehmen konnten. In der beide Partner aktive oder passive Rollen einnehmen konnten, je nach Absprache, je nach Wunsch, in der es aber keine festgelegten Rollenmodelle gab, die über die Zeit hinweg stabil blieben.

Was zum Nachmachen

Wichtige Hausaufgaben im Bereich Beziehung war, sich immer wieder Informationen einzuholen. Es gab Literaturempfehlungen, Bücher und Seminare. Diese finde Sie am Ende dieses Textes.

All das führte dazu, dass alte Muster aufgearbeitet werden konnten und echte Momente der Begegnung zwischen den Paaren entstanden, die nicht von Verletzungen, Mustern aus der Vergangenheit oder Befürchtungen über die Zukunft überschattet waren. Dies ließ die Beziehung immer glücklicher, intensiver und erfüllter werden.

Und jetzt noch reich werden

Während und nachdem sich die Beziehung zu seinen Kindern gebessert hatte und Claudio in einer glücklichen Beziehung lebte, kümmerten wir uns um seine Firma. Claudio besaß seit über 30 Jahren ein Unternehmen mit circa 50 Mitarbeitern. Das Unternehmen lief inzwischen sehr gut. Viele Prozesse waren automatisiert, die Mitarbeiter kannten ihre Aufgaben und die Struktur war relativ klassisch hierarchisch aufgebaut.

Was ich beobachten konnte, war eine zunehmende Unzufriedenheit von Claudio. Sobald etwas in der Firma schief ging, lief bei ihm das Telefon heiß, er bekamen zig E-Mails, und er war nach wie vor der Feuerlöscher, der die akuten Probleme löste. Nach jedem dieser Vorfälle bemühte sich Claudio, die Firma noch besser zu strukturieren, noch bessere Prozesse einzuführen, um solchen kritischen Momenten vorzubeugen. Doch schien dieses Vorgehen keinen nachhaltigen Erfolg zu haben.

Was ich aus den Beschreibungen von Claudio entnehmen konnte, sowie aus Telefonaten, die ich mithörte oder Meetings, an denen ich teilnahm, war Folgendes: Es zeigte sich deutlich das Muster des „Einschüchterers" und eine sehr kurze und knappe Kommunikation mit seinen Mitarbeitern. Auch hier zeigten sich, ähnlich wie in der Interaktion mit seinen Kindern, häufig Missverständnisse, die auf Claudios zu kurze, knappe und auch direktive Kommunikation zurück zu führen waren. So kamen viele Botschaften bei seinen Mitarbeitern nicht an, und die Mitarbeiter fühlten sich nicht wahrgenommen, gewertschätzt oder in ihren Belangen gehört.

Mein erster Schritt war das Vermitteln von Informationen und das Anbieten von Alternativen. Ich wollte nicht intervenieren, bevor Claudio nicht einige andere Ideen oder Modelle kennengelernt hatte, wie Firmen geführt werden können. Die Standardwerke, um dies zu erreichen waren Frederick Lalouxs „Reinventing Organisations" und „Holagracy" von Brian Robertson. Beide Bücher zeigen Beispiele von Firmen auf, die gänzlich ohne Hierarchien höchst erfolgreich agieren. Ebenso zeigen die Bücher Wege dorthin und weisen auf mögliche Risiken hin.

Claudio war sofort begeistert von diesen Möglichkeiten. Er begann mit meiner Unterstützung erste gleichwürdige Strukturen in seiner Firma einzuführen.

Gleichzeitig rückte jedoch sein Lebenstraum, die Firma zu verkaufen, immer mehr in den Mittelpunkt. Und er begann sich nach potenziellen Käufern umzuschauen. Dabei war es nötig, eine parallele Begleitung auf energetischer Ebene einzuführen. Wir setzten uns damit auseinander, was der Sinn seiner Firma sein sollte, was ihr ureigenster Zweck war.

Sowie Brian Robertson in „Holagracy" es beschreibt, gehe auch ich davon aus, dass jedes Unternehmen einen eigenen Sinn, eine eigene Daseinsberechtigung hat. Ähnlich einem Kind, das unterschiedliche Anlagen mitbringt, unterschiedliche Fähigkeiten hat und eine ganz eigene Lebensaufgabe – so sehe ich das auch bei Firmen und Unternehmen. Insofern ist es entscheidend, nicht die eigenen Erwartungen einem Kind überzustülpen, und dies ebenso wenig bei einer Firma zu tun. Eine Firma kann mehr sein als die Summe ihrer Mitarbeiter und mehr als der Input des Chefs. Wir näherten uns also dem an, was der ursprüngliche Sinn seiner Firma sein sollte, was dieses spezielle Unternehmen in die Welt bringen wollte. Der zentrale Punkt, der sich bei allen Betrachtungen herauskristallisierte, war der Erhalt der Marke. Die Marke, die er in vielen Jahren aufgebaut hatte, sollte und wollte erhalten bleiben, denn diese Marke stand für Qualität, sie stand für einen hohen Standard an Kundenorientierung und an Leistung. Diese Erkenntnis stellte wichtige Weichen für die Suche nach dem passenden Käufer. Es stand also nicht rein die Summe im Vordergrund, die der Verkauf der Firma einbringen würde. Sondern es stand im Vordergrund, dass der Käufer die Firma so weiterführen würde, so dass die Marke erhalten bleiben würde.

Viele Gespräche waren nötig, um zu klären, wie seine Kinder damit umgehen würden, dass die Firma verkauft werden würde und sie diese nicht erben würden. Auch hier half wieder eine klare Kommunikation raus aus den Kontroll-Mustern und hin zu einer gewaltfreien Kommunikation.

Schließlich, nach knapp einem Jahr des Suchens, einem Jahr der aufreibenden Verhandlungen, einem Jahr des Ringens um Verträge, einem Jahr mit Hoffnung und Rückschlägen hatte Claudio es geschafft. Er hatte einen passenden Investor gefunden, hatte die Firma für einen dreimal so hohen Betrag, wie er es ursprünglich erwartet hatte, verkauft und hatte nun die Hände, den Kopf und sein Leben frei für die Dinge, die ihn jetzt begeisterten.

Welcher Kontrolltyp sind Sie?

Das Modell der Kontrolldramen kommt ursprünglich aus dem Buch „Die Prophezeiungen von Celestine" von James Redfield.

Wir alle wünschen uns Aufmerksamkeit und Zuwendung von unseren Mitmenschen. Ohne diese hätten wir als Kinder nicht überlebt, und ohne diese können wir auch heute nicht glücklich werden. Nun haben wir als Kinder unterschiedliche Rollen und Verhaltensweisen entwickelt, wie wir am besten an die Aufmerksamkeit unserer Eltern oder nahen Bezugspersonen herankommen. Je nach Bezugspersonen, persönlichem Umfeld und Veranlagung bilden wir unterschiedliche Muster heraus.

Es ist wie beim Ping Pong: Jedes der Kontroll-Muster ruft bei meinem Gegenüber ebenfalls ein Kontroll-Muster hervor. Keiner der Interagierenden hat den Eindruck, er sei dem anderen gleichwürdig. Damit bleiben immer Spannungen in der Kommunikation, weil immer der Eindruck bestehen bleibt, man wurde angegriffen oder ungerecht behandelt. Das ist von großem Nachteil, nicht nur im Umgang mit Kindern, sondern auch mit Mitarbeitern und kostet letztendlich bares Geld.

Es gibt vier Möglichkeiten, die Aufmerksamkeit und somit auch Energie von den Mitmenschen zu gewinnen, die sowohl abgeschwächt als auch in Mischformen auftreten können. Hier finden Sie eine Beschreibung der vier Kontroll-Muster.

Der Einschüchterer

Diese Personen binden Aufmerksamkeit und damit Energie mit Hilfe von Lautstärke, physischer Kraft, Drohungen und unvorhersehbaren Temperamentsausbrüchen. Der Einschüchterer dominiert, indem er sein Gegenüber mit verletzenden Aussagen, Wutanfällen oder auch körperlichen Angriffen bedroht. Häufig ist sein Verhalten unflexibel, autoritär und von Sarkasmus geprägt. Er (re)agiert emotional. In seiner Gegenwart fühlt man sich häufig eingeschüchtert, angespannt, verängstigt und unsicher.

Die Dynamik, die dieser Kontroll-Typ bei seinem Gegenüber

kreiert, ist entweder eine Abwehr durch wechselseitiges Einschüchtern oder aber eine extreme Opferhaltung, die „das arme Ich" genannt wird.

Das Arme Ich

Dies ist ein emotionales, energetisch stark passives Muster. Personen mit solch einem Mechanismus glauben, unter ständigem Kräftemangel zu leiden und dadurch die Herausforderungen der Welt nicht aktiv angehen zu können. Sie versuchen, durch das Erregen von Mitgefühl, Aufmerksamkeit zu bekommen. Ähnlich den Unnahbaren ist dieser Typus oft schweigsam. Allerdings sorgen sie dafür, dass jeder dieses Schweigen deutlich bemerkt. Beispielsweise gelingt dies mit besorgtem Gesichtsausdruck, lautem Seufzen, Zittern, Weinen, In-die-Ferne-Starren, zögerlichen Antworten und ständigen Lebenskrisen. Sie lassen anderen zu gerne den Vortritt, und ihr Lieblingswort ist „Ja, aber". Oft löst diese Verletzlichkeit eine Welle von Hilfsbereitschaft aus. „Arme Ichs" sind aber an der Lösung ihrer Probleme nicht wirklich interessiert, denn dadurch würden sie die Quelle ihrer Energie verlieren. Sie lassen sich von anderen auch leicht zu Opfern machen, beschweren sich aber anschließend darüber, dass alle nur auf ihnen herumtrampeln.

Die „armen Ichs" bestärken ihre Opferrolle, indem sie sich Partner suchen, von denen sie „bedroht" oder „betrogen" werden. In extremen Fällen häuslicher Gewaltanwendung involviert ein „Einschüchterer" das „arme Ich" in zunehmend gewalttätiger werdenden Episoden körperlichen und geistigen Missbrauchs, bis die Zustände schließlich untragbar werden. Nach dem Erreichen dieses Höhepunktes zieht der „Einschüchterer" sich zurück und entschuldigt sich, wodurch er Energie an das „arme Ich" leitet und es von neuem in den Zirkel lockt.

Der Vernehmungsbeamte

Obwohl dieser Typ in der Regel kaltschnäuzig und körperlich nicht bedrohlich ist, kann er Wille und Geist seines Gegenübers durch ständiges Hinterfragen aller Aktivitäten und Motivationen zerbrechen. Als feindseliger Kritiker sucht der

Vernehmungsbeamte ständig nach einer Gelegenheit, Anderen zu beweisen, dass sie unrecht haben oder unfähig sind. Er stichelt, manipuliert, kontrolliert, ist selbstgerecht und weiß immer alles besser. Je mehr er an Ihren Fehlern und Unzulänglichkeiten herumnörgelt, desto mehr Beachtung kommt ihm zu. Während Sie damit beschäftigt sind, dem Vernehmungsbeamten Rede und Antwort zu stehen und sich ihm zu beweisen, bekommt er Ihre Aufmerksamkeit und Ihre Energie. Alles, was sie sagen, wird irgendwann gegen Sie verwendet. Sie fühlen sich unter permanenter Überwachung, entwickeln Schuldgefühle und haben wahrscheinlich das Gefühl, nichts richtig machen zu können. Überwachsam, reicht sein Verhaltensspektrum von zynisch, skeptisch, stichelnd, perfektionistisch, selbstgerecht bis bösartig-manipulativ. Anfänglich scheint er durch seinen Witz, Logik, Faktenwissen und Intelligenz zu bestechen.

„Vernehmungsbeamte" als Eltern ziehen unnahbare Kinder groß; manchmal auch „arme Ichs". Beide Typen trachten danach, dem Bohren des Vernehmungsbeamten zu entkommen. Unnahbare wollen sich dem Zwang, antworten zu müssen und der ständig stichelnden Kritik entziehen (und damit dem Verlust ihrer Energie).

Der Unnahbare

Diese Personen sind in ihrer eigenen inneren Welt der ungelösten Konflikte, Ängste und Selbstzweifel gefangen und erscheinen emotionslos. Unterbewusst sind sie der Ansicht, dass, wenn sie mysteriös oder über den Dingen stehend erscheinen, andere sie aus dieser Position erlösen werden. Oftmals einsam, sind sie auf Distanz bedacht, da sie fürchten, einen fremden Willen aufgedrängt zu bekommen, oder in ihren Entscheidungen hinterfragt zu werden, so wie es die elterlichen Vernehmungsbeamten getan haben. Sie sind der Ansicht, alles selbst erledigen zu müssen, und bitten nicht um Hilfe. Sie beanspruchen viel Freiraum und vermeiden es, bindende Zugeständnisse zu machen. Als Kind wurde ihnen häufig der Wunsch nach Unabhängigkeit und die Würdigung ihrer eigenen Identität verweigert. Tauchen

Konflikte oder gar Konfrontationen am Horizont auf, so wird „die Unnahbare" unverbindlich oder verschwindet gänzlich. Sie versteckt sich hinter dem Anrufbeantworter und hält Verabredungen nicht ein. Zu Beginn wirken diese Personen durch ihre mysteriöse und verschlossene Art anziehend und interessant. Bei näherem Hinsehen entpuppt sich dieses Verhalten allerdings als desinteressiert, unzugänglich, unzuverlässig, herablassend oder sogar heimtückisch. Sie ist nahezu außerstande sich mit einer anderen Person gefühlsmäßig auseinander zu setzen und richtet durch sein Fluchtverhalten gerade in Liebesbeziehungen regelrechte Verheerungen an.

„Unnahbare" kreieren gewöhnlich „Vernehmungsbeamte", können sich aber auch mit „Einschüchterern" und „armen Ichs" auf ein Drama einlassen.

Was nun? Was können Sie tun?
Werden Sie sich zunächst Ihrer eigenen Kontroll-Muster bewusst. Und untersuchen Sie die Kontroll-Muster der Menschen aus Ihrer näheren Umgebung.

Und wenn Sie nun beobachten, dass Sie in ein Kontroll-Muster geraten, so halten Sie inne. Atmen Sie durch, verlassen Sie die Situation, machen Sie eine Pause. Und machen Sie sich klar, dass es auf diese Art und Weise keine Gewinner in der Interaktion geben kann. Es ist ein ewiger Kreislauf des Verletzens, so lange, bis einer aus diesem Kreis aussteigt.

Machen Sie sich bewusst, was Ihr eigentliches Ziel in der Interaktion ist. Geht es wirklich darum, Ihr Gegenüber einzuschüchtern? Welches ist Ihr Bedürfnis hinter diesem Kontroll-Muster?

Und finden Sie andere Möglichkeiten, sich diese Bedürfnisse zu befriedigen. Nehmen Sie sich Zeit für sich selbst. Finden Sie heraus, was Ihnen guttut und schaffen Sie Zeit dafür. Nur Sie selbst sind dafür zuständig, dass es Ihnen gut geht. Kümmern Sie sich darum, und es wird nicht mehr so entscheidend sein, die Aufmerksamkeit von außen zu bekommen.

Gleichwürdigkeit – Was ist das eigentlich?

Dies ist meine Rede zum Thema Gleichwürdigkeit, die ich beim größten internationalen Rednerwettbewerb am Stuttgarter Flughafen gehalten habe. Gemeinsam mit den anderen Autoren dieses Buches haben wir damit einen Weltrekord aufgestellt.

„Wer von Ihnen fährt Ski? Oder wer geht gerne im Schnee spazieren?

Stellen Sie sich vor, Sie sind mit Ihrem Partner unterwegs im Schnee. Vielleicht haben Sie schon einige Abfahrten hinter sich, oder Sie sind schon ein ordentliches Stück gewandert. Sie sind innerlich aufgeheizt und schwitzen schon etwas. Sie ziehen Ihre Mütze aus und machen die Jacke auf. Endlich kommt etwas frische Luft und kühlt Sie ein wenig ab.

Nun zieht plötzlich Ihr Partner Ihnen die Mütze wieder auf den Kopf, macht Ihre Jacke wieder zu und sagt: „Hier ist es zu kalt, du erkältest dich sonst nur, lass das an."

Wie würden Sie sich dabei fühlen? Und warum erzähle ich Ihnen das?

Weil es unseren Kindern tagtäglich so ergeht. Weil es meinem 5-jährigen Sohn immer und immer wieder so ergeht.

Und weil es mir so ergangen ist.

Ich war 10 Jahre alt. Ich bin mit meinen drei älteren Geschwistern bei meiner alleinerziehenden Mutter mit sehr wenig Geld aufgewachsen. Urlaub war etwas, dass ich nur von anderen Familien kannte. Eines Tages bot ein befreundeter Pfarrer an, mich mit in den Urlaub zu nehmen. Meine Mutter war begeistert. Ich hingegen war schockiert. Ich sagte ganz klar NEIN. Ich wollte nicht mit. Doch da ich ein Kind war, wurde dieses Nein nicht ernst genommen. Und so erlebte ich in diesem Urlaub einen sexuellen Übergriff.

Ich sage nicht, dass jedes übergangene Nein zu einem sexuellen Übergriff führt.

Und dennoch möchte ich Ihnen deutlich machen: Was für

uns Erwachsene ganz selbstverständlich ist – dass wir selbst bestimmen dürfen, mit wem wir in den Urlaub fahren, ob wir eine Mütze brauchen oder nicht – all das ist für unsere Kinder nicht selbstverständlich.

In der UN-Menschenrechtskonvention steht: „Alle Menschen sind gleichwürdig".

Würden Sie sagen, dass Ihre Kinder auch Menschen sind? Wenn Kinder tatsächlich Menschen sind, dann sollten wir sie doch auch als solche behandeln.

Dies beginnt bereits damit, wie wir mit unseren Kindern sprechen. Kennen Sie Menschen, die mit ihren Kindern in etwa so sprechen: Hast du dir auch fein die Zähne geputzt? Oh, das Bild hast du aber gaaaanz, ganz toll gemalt. Und sich dann zu einem nebenstehenden Erwachsenen wenden und in normalem Tonfall weitersprechen: „Ja, mein Sohn war heute mal wieder ganz schön anstrengend nach dem Kindergarten".

Mit dieser Stimme, mit diesem Tonfall, machen wir unseren Kindern deutlich, dass sie nicht zu Gruppe der Menschen gehören, mit denen man normal spricht, dass sie also nicht dazugehören. Und ausgegrenzt zu werden, erzeugt im Gehirn dieselben Muster wie körperlicher Schmerz. Die wissenschaftliche Forschung dazu können Sie eindrücklich bei Prof. Dr. Gerald Hüther – einem wie ich finde genialen Neurowissenschaftler – nachlesen.

Die Thematik mit der fehlenden Gleichwürdigkeit ist in Unternehmen übrigens dieselbe! Mitarbeiter und Vorgesetzte – kein gleichwürdiges Verhältnis. Die Chefin bestimmt, der Mitarbeiter hat umzusetzen oder es an seine Mitarbeiter weiterzugeben. Ich coache viele Führungskräfte, und was ich immer wieder erlebe ist diese große Leere, die Verzweiflung, die entsteht, wenn sie nur Anweisungen ausführen müssen, deren Sinn für sie zweifelhaft ist und die Führungskräfte nicht nach ihren eigenen Werten und Vorstellungen arbeiten dürfen.

Das muss nicht so sein! Inzwischen gibt es viele namhafte Unternehmen, die über diese ungleichwürdige Behandlung zwischen Angestellten und Vorgesetzen schon weit hinaus und dabei höchst erfolgreich sind. Spannende Erkenntnisse hierzu finden sie bei Frederice Laloux, „Reinventing Organizations".

Es gibt die Möglichkeit – und ich finde es sollte nicht nur eine Möglichkeit bleiben – andere Menschen, egal ob Kinder oder Mitarbeiter, gleichwürdig zu behandeln. Sie haben die gleiche Würde wie wir! Die gleichen Wünsche, die gleichen Bedürfnisse nach Zugehörigkeit, nach Selbstbestimmung, ja, letztendlich nach Liebe.

Ich wünsche mir eine Welt, in der unsere Kinder aufwachsen dürfen in der Gewissheit, dass sie ein vollwertiges Mitglied unserer Gesellschaft sind und keine zu klein geratenen Sonderlinge, mit denen man in Babysprache spricht und ihnen vorschreibt, was sie zu tun oder zu lassen haben.

Auch Sie brauchen vollwertige Mitarbeiter in Ihrem Unternehmen und das können diese nur sein, wenn sie bereits in der Kindheit das Mindset dafür entwickeln durften. Deshalb ist es für die Gesellschaft und unsere Wirtschaft von höherer Bedeutung als Sie glauben, weil Sie kein Heer von Jasagern brauchen. Die bringen Sie nämlich nicht weiter.

Ich wünsche mir eine Welt, in der Menschen mit Freude zur Arbeit gehen und ihr volles Potential einbringen, weil sie das tun, was sie für sinnvoll erachten.

Das ist mein großes Herzensanliegen. Ich begleite Menschen, Führungskräfte und Unternehmen hin zu mehr Selbstbestimmung, hin zu mehr Gleichwürdigkeit. Menschen, die selbst ungleichwürdig behandelt wurden, helfe ich, aus dieser Spirale auszubrechen und ihre Wunden nicht mehr an ihre Kinder oder an ihre Mitarbeiter weiter zu geben.

Ich wünsche mir, dass wir mehr Vertrauen entwickeln, dass unser Gegenüber selbst weiß, selbst spürt, selbst erfahren darf, was gerade richtig ist."

Empfehlungen zur vertieften Beschäftigung mit dem Thema Gleichwürdigkeit

Web

- www.innerwise.com
Mit dieser energetischen Potentialentfaltungsmethode können Sie Ihren Themen anschauen und lösen, so dass Sie sie nicht mehr an Ihre Kinder weitergeben müssen.
- www.derkompass.org
Ruth schreibt witzig, mitreißend und auf den Punkt. Es gibt jede Menge Blogartikel, Videos und Interviews. Und auch eine geschlossene Gruppe, die Ihnen echte, praktische Unterstützung anbietet.
- Aida von www.elternmorphose.de
Aida hat selbst drei Kinder und hat in kürzester Zeit eine wunderbare freie Schule in Berlin gegründet (www.apego.de). Sie schreibt geniale Artikel über Gleichwürdigkeit und das Thema Unerzogen. Besonders gut zeigt sie auf, was im Umgang mit Kindern alles Gewalt ist.

Weitere Blogs und Websiten

- https://diephysikvonbeziehungen.wordpress.com/
- Lena von https://familienleicht.de/
- Kira von happybabies-bindung.de
- Joy von freiefamilie.de
- Andrea von herzensglückskind.com
- https://www.katiasaalfrank.de/
- http://thework.com/sites/deutsch/

Bücher

- Das gewünschteste Wunschkind aller Zeiten treibt mich in den Wahnsinn. Gelassen durch die Jahre 0-5. Von Danielle Graf und Katja Seide
- Das gewünschteste Wunschkind aller Zeiten treibt mich in den Wahnsinn. Gelassen durch die Jahre 5-10. Von Danielle Graf und Katja Seide
Super verständliche (teilweise neurologische fundierte) Erklärungen, warum unsere Kinder tun, was sie tun und jede Menge Beispiele, wie es anders laufen könnte.
- Von der Erziehung zur Einfühlung: Wie Eltern und Kinder gemeinsam wachsen können. Von Naomi Aldrot
Aber Grenzen und Konsequenzen müssen ja sein! Oder?
Nein. Was stattdessen sein kann und wie wir miteinander umgehen können jenseits von Strafen, Lob und Manipulationen, zeigt dieses Buch wunderbar auf. Ein echtes Nachschlagewerk für schwierige Situationen.
- Leitwölfe sein: Liebevolle Führung in der Familie. Von Jesper Juul
Gleichwürdigkeit bedeutet nicht, alles zu tolerieren oder sich gar nicht mehr einzumischen. Dieses Buch zeigt wunderbar auf, wie ein neuer, gleichwürdiger Weg in einer Familie aussehen kann.
- Kinder verstehen. Born to be wild: Wie die Evolution unsere Kinder prägt. Von Herbert Renz-Polster
Danach habe ich endlich verstanden, was „normal" ist und was nicht. Wie wir jahrtausendelang unsere Kinder großgezogen haben und was wir von anderen Kulturen dabei lernen können.
- Wider den Gehorsam. Von Arno Grün
Warum Gehorsam hinderlich beim Lernen ist und schreckliche Folgen in der Psyche eines Menschen hat.
- Jetzt! Die Kraft der Gegenwart. Von Eckehard Tolle
Später müssen sie ja aber auch mal in der Gesellschaft funktionieren… Wie bringe ich ihnen das denn bei, ohne zu erziehen?

Gar nicht. Denn 'später' existiert nur in deinem Kopf. Zur transformatorischen Kraft der Achtsamkeit im Moment zu kommen, ist nicht leicht. Hilfe bietet dieses Buch!
• Lieben was ist: Wie vier Fragen Ihr Leben verändern können. Von Byron Katie.
Ich bin oft wütend und gemein zu meinen Kindern, weil ich denke, dass sie besser gehorchen müssen. Wie komme ich da raus?
Indem du die Realität annehmen lernst. Denn das, was dich wütend macht, ist nur in deinem Kopf. Krass? Oh ja, ziemlich. Und ziemlich befreiend, wenn man sich drauf einlassen mag. Ich empfehle dazu Byron Katie „The Work".
• ... und ich war nie in der Schule: Geschichte eines glücklichen Kindes. Von André Stern
Hä? Es gibt Leute, die wirklich nicht zur Schule gehen UND nicht erzogen werden? Sind die bekloppt? Wie kommen die in der Welt klar?
Ziemlich gut. Schau selbst! Dieses Buch zeigt es auf.
• Gewaltfreie Kommunikation. Von Mashall B. Rosenberg.
Hier lernst du eine genial einfache und genial wirksame Methode der friedlichen Kommunikation. Diese kann deine Beziehungen in allen Bereichen verändern, egal ob mit Kindern, Mitarbeitern, in Verhandlungen oder mit deinem Partner.

Filme
• Schools of Trust (https://www.schoolsoftrust.org/)
Ein bewegender Film über freie Schulen und wie Kinder sein könnten.
• Demokratische Schulen – Ein Film über die Lust zu lernen von Jan Gabbert (https://tologo.de/demokratische-schulen-dvd/)
Ein wunderbarer Film über freie, demokratische Schulen und eine eindrückliche Kritik am aktuellen System.

Empfehlungen zur vertieften Beschäftigung mit dem Thema Beziehungen

Bücher

- Weiblichkeit leben, von Leila Bust
- Männlichkeit leben, von Björn Leimbach
- Slow Sex, von Diana Richardson

Seminare

- Seminar: Herzenskrieger (https://www.maennlichkeit-leben.de/)
- Seminar: Magic Moments und Dimensions of Love Tantrisches Paarseminar (https://www.tantra.de/eventthemen/21/seminare-fuer-paare/)
- Seminar: DARE Day. Ein intensiver Tag zur Bearbeitung der Vergangenheit und zur Kreation deiner Zukunft. (http://aisun.eu/coaching/veranstaltungen/)

Der perfekte Manager
Ewald Mader

Profil – Ewald Mader

Wer kein Ziel hat, kann auch keines erreichen.

Ewald Mader – Jahrgang 1959, charismatischer Vortragsredner mit Weltrekord in einem internationalen Speaker-Slam, Experte für machtvolle Gewohnheiten und mentale Erfolgsstrategien, sowohl im Business als auch im Sport mit Schwerpunkt Golf, Bestseller-Autor, Unternehmer, Vater von zwei wunderbaren Söhnen, Gastdozent bei der Hochschule Pforzheim, Business- und Persönlichkeitscoach, Herzenskrieger, ausgestattet mit einer außergewöhnlichen Präsenz und einem untrüglichen Gespür für Menschen, deren Träume und wie diese sich selbst im Weg stehen, bringt das Problem und deren Lösung schneller auf den Punkt, als Sie diese überhaupt denken können, geschweige denn, diese erkannt haben. Ewald Mader lebt mit seiner Partnerin Aisun Dodenhoff in Berlin.

„Geht nicht, gibt es nicht". Dies hat Ewald Mader bewiesen, und zwar mehrfach! Deshalb kann er in seinen bewegenden Vorträgen zu den Themen: „Erfolg ist die Summe machtvoller Gewohnheiten" aus dem Vollen schöpfen. Mit Herz und Verstand bringt er es auf den Punkt: Sie können nur einen Fehler im Leben machen: Sich für etwas entscheiden, was Sie nicht lieben. Das war einer der Fehler, den er gemacht hat: „Ich habe mich nach dem Abitur dagegen entschieden, mit Sport Geld zu verdienen". So entschied er sich für Platz 2, ein betriebswirtschaftliches Studium, hatte Angst vor mündlichen Prüfungen und einen Hang zur Informationstechnologie. So begann eine große IT-Karriere als Unternehmer, er gründete ein Softwarehaus, welches heute zu den Marktführern in Deutschland zählt. Ewald Mader kennt den Preis des Erfolges. Zweimal stand das Unternehmen am Rand des Ruins. Münchhausen gleich zog er sich selbst aus dem Schlamm. Er erkannte, dass er selbst der größte Erfolgsverhinderer war. So kam er zum Mentaltraining und „programmierte" sein Gehirn mit Erfolg auf Erfolg und installierte machtvolle Gewohnheiten. Aber er scheiterte erneut. Beinahe.

Mit 54 Jahren, nach einem Schlüsselbeinbruch als Handballer, fing er mit dem Glaubenssatz „Ich kann jede Sportart" mit Golfen an und sein ausgeprägtes Ego und sein Ehrgeiz standen ihm im Weg. „Wenn das Eine nicht funktioniert, dann tue was anderes". So übertrug er sein ausgeprägtes Mentalwissen aus dem Business-und Persönlichkeitsbereich ins eigene Golfspiel und fing an, sich selbst zu coachen. Und fing an zu schreiben. Daraus entstand der Bestseller „Denken Sie noch oder golfen Sie schon".

Bei seinen Coachings, bei denen er unter anderem auch Hypnose einsetzt, arbeitet er ganzheitlich und er achtet bei seinen Kunden sehr darauf, dass sich die äußeren Ziele im Einklang mit der Persönlichkeit befinden, das heißt, den inneren Werten entsprechen. Ist dies nicht der Fall, läuft der Betreffende in die falsche Richtung, rennt beispielsweise den falschen Zielen hinterher und wundert sich, weshalb es im Leben, im Beruf oder beim Golfen nicht vorangeht und sich nicht förderliche Gewohnheiten einschleichen. Dies können Sie auch aus dem nachfolgenden Coaching-Beispiel entnehmen.

Darüber spricht er in seinen Vorträgen. Ewald Mader hat viel Interessantes zu erzählen und zeigt in seinen Vorträgen auf, auf welche Gewohnheiten es ankommt, um nachhaltig erfolgreich zu sein.

Sein IT-Unternehmen hat er verkauft und sogleich ein neues

gegründet: Den Verlag „Menschen GROSS machen". „Das ist meine eigentliche Aufgabe", sagt er.

Weiterführende Links: www.ewaldmader.com; www.golfcoachmental.de

Kontakt für Vortragsanfragen: kontakt@ewaldmader.com

Der perfekte Manager

Sport als Ventil für Überlastung im Beruf

„No Sports!" Winston Churchill

Viele Menschen wählen bewusst oder unbewusst Sport als Ventil zum Abbau von Stress, insbesondere solchem aus dem Berufsalltag. Wäre dem nicht so, wären die Städte voller Menschen, die „geladen" durch die Häuser ziehen, und viele von uns würden sich nicht mehr auf die Straße trauen, da sich diese Menschen anders Luft verschaffen müssten. Gott sei gelobt, dass er Sport erfunden hat. Schlimm wird es nur für Einzelne, nämlich für die Menschen auf der Welt, die es nicht mehr schaffen, aus ihrer sportlichen Aktivität einen Ladungsausgleich, das heißt Entspannung zu ziehen. Anstatt sich der wohligen zufriedenen Erschöpfung hingeben zu können, steigen Ärger und Frust in ihnen. Es ist nicht einfach zu erkennen, was zum Scheitern im Sport führt, den ausgeprägten Fähigkeiten zum Trotz. Und weil der Blick auf sich selbst verstellt ist, kommen viele Menschen nicht an die tieferen Ursachen heran und bleiben über Jahre aus der Spur.

Verstellter Blick auf die Ursachen

„Wenn man über jemanden die Wahrheit erfahren will, ist dieser jemand meiner Erfahrung nach der letzte, den ich fragen würde." Dr. House

Nennen wir ihn Gerd. Als Gerd zu mir kam, kannte er meine ganzheitliche Arbeitsweise noch nicht. Als Unternehmer, Golf- und Persönlichkeits-Coach, mit 30 Jahren Erfahrung aus dem Business-Coaching gehe ich tiefer und beziehe alle Lebensbereiche mit ein, weil ich es oft erlebt habe, dass die Ursachen des eigentlichen Problems nicht aus dem Bereich kommen müssen, in dem man sich gerade coachen lassen will. Oft werden Symptome als Ursachen betrachtet, weil viele Coaches mit zu eng eingestelltem Visier an ein Coaching herangehen. Kommt jemand mit einem Business- oder Sportproblem kann die eigentliche Ursache auch weit entfernt liegen, bei der Familie, einschließlich Oma und Opa und Geschwister, bei Freunden, in der Liebe, u.v.a.m. Das überrascht manchmal den einen oder anderen Kunden, auf jeden Fall erziele ich dadurch für meine Kunden bessere und nachhaltige Ergebnisse.

Gerd suchte mich als Experte für Golfmental-Coaching auf, weil er wie viele andere dachte, er habe ein „isoliertes Golfproblem", also ein Problem, welches nur dem Sport zuordnen wäre. Wie viele Menschen übersah er die offensichtlichen Zusammenhänge von seinem Business- und von seinem persönlichen Kontext, das heißt, Gerd fiel es schwer zwischen Symptomen und Ursachen zu unterscheiden. Deshalb erweiterte sich ein vermeintlich „einfaches" Golf-Coaching zu einem intensiven Persönlichkeits-Coaching. Das Golfproblem war nur das Symptom, welches zuerst aus dem Weg geräumt werden wollte, jedoch war die Ursache ein unbewusstes Verhaltensmuster, welches sich über die Jahre entwickelt hatte und Gewohnheiten in allen Bereichen zur Folge hatte. Sowohl das Verhalten im Beruf, im Golfsport und in der Familie war betroffen.

Das Angehen und Verändern der Ursache brachte ihn wieder zurück in die Spur und führte zu anderen Verhaltens- und Sichtweisen, sowohl im Business, in der Familie und auch im Sport. Sein Stresspegel im Berufsalltag reduzierte sich deutlich und er ging wieder motiviert zur Arbeit. Auch sein Privatleben entspannte sich komplett. Er überwand seine Ehekrise, in die er sich unbewusst hineinmanövriert hatte. Und vom Problem im Sport war keine Rede mehr.

Als Angestellter in Führungsfunktion für Produktion und Qualitätssicherung für ein Unternehmen der Präzisionstechnik nahm Gerd mich als Golfmentaltrainer in Anspruch. Gerd kam mit einem Handicap 6 zu mir und klagte über ein beginnendes Yips-Phänomen, das ihn bei den langen Schlägen heimsuchte. Kurz vor der Ballberührung überfiel ihn ein unkontrolliertes Muskelzucken, so dass er den Ball verzog und dieser irgendwo landete, nur keineswegs dort, wo er diesen platzieren wollte. Das Zucken überfiel Gerd plötzlich – ohne einen ersichtlichen Grund – bei langen Schlägen. Zunächst dachte er, es handele sich um ein Technikproblem, weil die Streuung der Bälle zugenommen hatte. Mit wiederholtem Techniktraining bekam er das Problem jedoch nicht in den Griff. Er konnte seine gewohnte Leistung bei den Ligaspielen nicht mehr abrufen. Er spielt entweder hervorragende Runden um die 78-85 oder aber desaströse Runden mit mehr als 100 Schlägen.

Eine nähere Beschreibung, wann genau und weshalb das Zucken auftaucht, konnte er nicht geben, außer dass dies plötzlich aufträte. Er schilderte, dass kurz vor dem Durchgehen des Schlägers durch den Ball ein Zucken durch seine linke Hand ging und er den Ball verzog. Dies bereitete ihm Stress für den folgenden Schlag. Seinen nachfolgenden Sicherheitsschlag, der sonst meistens funktionierte, flog quer über den Platz und verschlimmerte die Situation weiter. Er spielte immer schlechter, weil er in eine Negativspirale eintrat, die ihn demotivierte und aus welcher er nicht wieder herauskam.

Gerds Welt bestand nicht nur aus Golf, seinem Hobby und Ausgleich für seinen verantwortungsvollen Beruf. Als ich sein berufliches, persönliches und familiäres Umfeld hinterfragte, dauerte es eine Weile, weil er ein paar Schleifen über die Beschreibung seiner Arbeit drehte. Dabei kreiste er unbewusst um den lebensbestimmenden Punkt, der sich sowohl auf die Arbeit, die Familie, die Freunde und auch auf den Sport auswirkte. Er habe im Beruf die Pflicht, 100 % Qualität abzuliefern. Das bedeutet, dass KEIN Fehler vorkommen darf! Genauso sei sein Anspruch an sich selbst: Er müsse zu 100 % perfekt sein! Fehler darf es nicht geben! Als mir Gerd das erzählte, war klar, dass dies nicht nur für ihn selbst gilt, sondern er dies auch von seiner Umwelt erwartete. Ich ließ das beabsichtigte Golf-Coaching beiseite und ging zu allererst auf sein Berufsleben ein. Gerd sagte, dass er vor drei Jahren zum Leiter der Produktion befördert wurde, als er ein Qualitätsproblem in seinem Unternehmen gelöst hatte. Die Maschinen seines Unternehmens produzierten nämlich fehlerhafte Teile. Dadurch kam es bei den Kunden seiner Firma aus der Automobilindustrie zu millionenschweren Stillständen in den Werken. Gerd fand die Ursache heraus und führte zudem ein neues Messwerkzeug ein, sodass die Teile nach der Produktion zusätzlich geprüft werden konnten. Nach der Lösung dieses existentiellen Problems für den Bestand seines Unternehmens war er befördert worden. Damit Sie besser verstehen wie Gerd tickt: Er verlangte von seinen Qualitätssicherern nicht nur die Anwendung der neuen Messwerkzeuge, sondern auch dass diese Werkzeuge selbst einer ständigen Überprüfung unterzogen werden. Denn perfekte Kalibrierung der Messwerkzeuge ist die Voraussetzung dafür, dass man richtig messen kann. Nur so kann man die Qualität der Teile auf Richtigkeit prüfen. Salopp formuliert: Es wird geprüft mit was geprüft wird, damit geprüfte Teile herauskommen. Am liebsten hätte er die Prüfmittel nochmals vorher geprüft. Prüfung, Prüfung, Prüfung und nochmals Prüfung sollte ihm die Angst vor den Fehlern nehmen. Es ging um Nullfehler-Produktion, was er wörtlich nahm. Alles musste perfekt sein!

Gerd gestand mir auch, dass es ihm großen Stress und feuchte Hände machte, wenn die Kunden zu Audits in die Fertigung kamen und eine immer höhere Genauigkeit der Teile verlangten. Bereits seit 3 Jahren – wenn er nachdachte schon viel länger in seinem Leben – ging es darum, perfekte Qualität abzuliefern. „Sei perfekt im Prozess und die Qualität ist dir gewiss". Das war sein Wahlspruch heute, mit dem er an alle Aufgabenstellungen heranging. Diesen Anspruch, den Gerd an sich selbst stellte, verlangte er auch von seinen Mitmenschen. Ohne Widerrede! Wie so viele Führungskräfte, die durch fachliche Leistungen in die Führungsposition gelangen, fehlte es ihm an Kompetenz, die eine Führungskraft ausmacht. So übertrug er unbewusst seinen Perfektionsanspruch auf seine Mitarbeiter. Stellte Gerd nur geringste Abweichungen der Arbeitsergebnisse von den Zielvorgaben fest, spielten sich Kontrolldramen ab, indem er als Einschüchterer mit unkontrollierten Wutausbrüchen agierte. Er übersah dabei völlig, dass in seinem Fertigungsbereich die Fehlerquote insgesamt bei weniger 0,01 % lag. Nur ein Teil von 10.000 erfüllte nicht die gesetzten Anforderungen hinsichtlich der geforderten Toleranzen. Auf Ratschläge älterer

Teammitglieder, die Kirche mal im Dorf zu lassen, konnte er aufgrund seines wackeligen Nervenkostüms nicht mehr eingehen, weil er dachte, nicht nur die Kontrolle über die Fertigungsprozesse zu verlieren, sondern auch über sich selbst. Und wenn er nur daran dachte, was die Automobilindustrie zukünftig von ihm forderte, brach ihm der Schweiß aus. Er gab zu, dass er seit Monaten unter Schlafmangel litt, weil er lieber vor den Mitarbeitern kam und nach ihnen ging, weil er ihnen misstraute und immer wieder selbst die Teile auf ihre Qualität prüfte. Da er ständig müde war, stellte sich zunehmend Antriebslosigkeit ein, und er ging immer mit einem mulmigen Gefühl ins Geschäft.

Ich fragte weiter und erfuhr, dass Gerd eine Tochter hatte und dass es in seiner Ehe vermehrt Konflikte gab. Hinterfragt kam heraus, dass er eine strikte Haltung hatte, was die Haushaltsführung anbelangt. Seine Mutter hätte sein Zuhause mit eiserner Hand geführt und letztendlich fühle er sich dort wohl, wo alles seinen gewohnten Platz habe, und sei es der Korkenzieher für die Weinflasche, der in der richtigen Schublade seinen festen Ablageort zu haben hat. Seine sehr gesellige Frau wiederum nehme es nicht genau genug und nannte ihn zunehmend einen Nörgler und Pünktlischießer, wenn das Weinglas auf dem Filzuntersetzer nicht genau in der Mitte stand.

Auch in der Familie hatte er im Stillen mit Zukunftsängsten zu kämpfen, weil er –fragil wie er war – seine beruflichen Existenzängste mit nach Hause nahm. Ihr gemeinsames Liebesleben litt ebenso unter dem Stress. Seine Frau forderte immer lauter ein, dass er sich entspannen solle. Dies führte zu heftigen Auseinandersetzungen, die das Zusammenleben immer mehr belasteten.

Und nun lief es in seinem Hobby, seinem einzigen Ausgleich, auch nicht mehr. Gerd wollte das Pferd von hinten aufzäumen und dachte, das ganze damit wieder ins Lot bringen. Wenn er doch nur loslassen könnte und nicht von allem und jedem diese Perfektion verlangen würde.

Der S.C.O.R.E entscheidet – im Golf und im Beruf!

„Es gibt keine Handlung für die Niemand verantwortlich wäre."
Otto von Bismarck

Genug der Beschreibung des Problems. Ran an die Lösung, ohne viele und lange Therapie-Sitzungen! Schnelle Hilfe zur Selbsthilfe lautet meine Devise. Mittels der S.C.O.R.E-Methode rückten wir der Identitätskrise mit drohendem Burnout zu Leibe. Diese Methode zeichnet sich unter anderem dadurch aus, dass zuerst (S)ymptome von den Ursachen ((C)auses) getrennt werden. Desweiteren gilt es auch zwischen (O)utcomes – also das was beim Coaching herauskommen soll – und der Wirkung ((E)effects), zu unterscheiden. Damit sich die Wirkungen einstellen, werden noch (R)essourcen benötigt.

Der Zusammenhang der abrufbaren, sportlichen Leistung von Bereichen außerhalb des Sportes ist gerade bei ambitionierten Golfspielern offensichtlich. Dies wird von den „Spezialisten" im Golfcoaching meistens übersehen oder die Zusammenhänge werden zu wenig hinterfragt. So auch bei Gerd, der bereits Coaching-Erfahrung mitbrachte. Die Welt der Freizeitgolfer besteht nicht nur aus Golf. Es ist also zwingend erforderlich, die Quereinflüsse aus den Bereichen Berufsalltag, Familie, Eheleben, etc. mit einzubeziehen, um die Coaching-Aufgabe ganzheitlich aus der Vogelperspektive zu betrachten und dann an der richtigen Stelle zu lösen. Von dort gilt es, zu den Ursachen hinabzusteigen, um das Problem an der Wurzel zu erfassen und zu verändern. Es geht nicht darum, an den Symptomen – in diesem Fall am Yips oder Muskelzucken beim Golfen – herumzudoktern. Bei Gerd lag die Ursache eindeutig nicht beim Golf. Das Muskelzucken resultierte eindeutig aus persönlichen Glaubenssätzen und unbewussten, über Jahre verfestigten Verhaltensmustern. Dies wurde Gerd bereits in unserem ersten Gespräch klar, so dass wir an der Ursache arbeiten konnten und uns nicht mit seinem Golfschwung und dem Muskelzucken aufhielten.

Das Muskelzucken war eindeutig dem Bereich der Symptome zuzuordnen, nicht dem der Ursachen. Ich kannte Ähnliches bereits aus Erfahrung mit anderen Klienten. Die Ursache lag ganz eindeutig in Gerd selbst, der den Perfektionsanspruch und „NULL-Fehler-Anspruch" so verinnerlicht hatte, dass er sich vollkommen damit identifizierte. Dies hatte Auswirkung auf alle Bereiche, sei es Business, sei es Familie oder eben auch sein Golfspiel.

Bei der geringsten Abweichung schrie er innerlich auf „Fehler, Fehler, Fehler". Dies galt im Beruf genauso, wie beim Golfen, wenn er beim langen Spiel nur einen Ball um ein paar Meter (!) verzog oder beim Putten, wenn Gerd einen von 10 Putts aus einem Meter um ein paar Zentimeter neben das Loch legte.

Dieses „nicht perfekte ICH" in einer nicht perfekten Welt machte ihn mehr und mehr nervös, weil er sich mit einer perfekten Nullfehler-Welt identifizierte. Grafisch dargestellt, überlagerte die Nullfehler-Welt auf der Identitätsebene sein komplettes Werte-System, wie auch seine Glaubenssätze. Er dachte seine Fähigkeiten reichen nicht mehr aus, seinem eigenen Anspruch gerecht zu werden.

Die perfekte Persönlichkeit: Identifikation

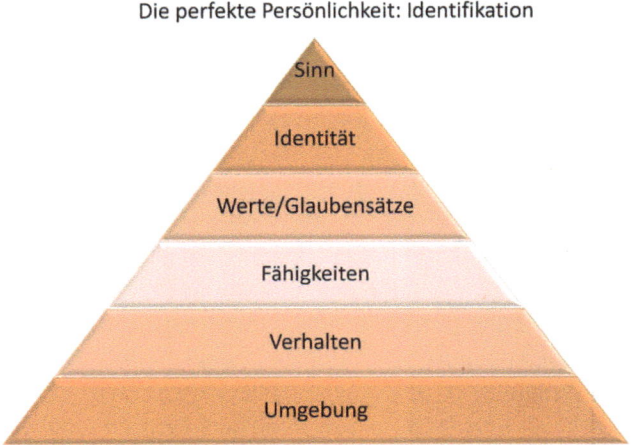

Abbildung 1: Logische Ebenen nach Dilts

Anders ausgedrückt: Sein extrem hoher Qualitätsanspruch durchdrang alle Bereiche der dargestellten Pyramide derart, dass alles andere, was in der Persönlichkeit eine Rolle spielen darf und soll, komplett unterdrückt wurde. So blieb kein Platz mehr für andere Werte wie Familie, Freizeit, Kinder, Freiheit oder was sonst noch für einen Menschen wichtig ist. Umgangssprachlich ausgedrückt war er „zu", wie in einem Tunnel eingeschlossen, ohne dass ihm das bewusst war.

Das überbordende Gefühl perfekt sein zu müssen, welches Gerd einengte, brauchte ein Ventil. Bei Gerd entlud es sich in Form eines Muskelzuckens als körperliche Reaktion. Manche meiner Kunden schicke ich zum Schreien in den Wald. Eine sehr wirksame Methode Altes loszulassen. Bei Gerd war es ein nur beim Golfen auftretendes Muskelzucken, wie ein Tic, den sich manche Menschen „aneignen". Das Muskelzucken beim Golfen ist einem Ventil gleichzusetzen, das Coachees im Allgemeinen, so auch Gerd, die Möglichkeit gibt, die Verantwortung für ihr Handeln an ein scheinbar unkontrollierbares Phänomen abzugeben.

Aus dem Perfektionsanspruch leitete sich eine für seine Leistung schädliche, überhöhte Erwartungshaltung an sich selbst ab. Der Betroffene genügte seinen eigenen Ansprüchen nicht mehr, sodass er durch Yips und Streuung bei den langen Schlägen die Verantwortung für sein Verhalten an „Dritte" abgibt.

Eine interessante Mixtur, die ich hier noch einmal zusammenfasse:
• Perfektion als persönliche Identität, welche nicht nur Beruf und Golfen überlagert.
• überzogener Anspruch an sich selbst hinsichtlich der Perfektion der Schläge
• Ergebnisfokussierung statt Prozessorientierung
• überzogene Detailorientierung (Nullfehler-Quote) statt „globale" Orientierung (im Beruf Fehlerquote im Bereich der dritten Nachkommastelle; beim Golfschlag Meter, beim Putt Zentimeter).

Wenden wir uns nun den weiteren Bestandteilen des S.C.O.R.E-Modells zu. Wie bereits erwähnt ist zu unterscheiden, was beim

Coaching herauskommen soll, den ((O)utcomes) und welche Auswirkungen ((E)ffects) sollte es Gerd bringen. Aus seiner Sicht sollte das Coaching das Muskelzucken beseitigen. Als Auswirkung erhoffte sich Gerd ein konstanteres Golfspiel. Und er erwartete bei Weitem mehr. Er wollte sich mit einem besseren Golfspiel Entspannung, Lebensfreude und Motivation für die Arbeit zurückholen.

Hierin sieht man den Vorteil der S.C.O.R.E-Methode, die den Blick weitet und sich nicht singulär auf die Beseitigung des Problems und die Erreichbarkeit des kommunizierten Ziels beschränken.

Letztendlich geht es nun, für Gerd die (R)essourcen zu finden, die er benötigt, um das Problem zu lösen, ganz gleich welche Techniken und Methoden dazu notwendig bzw. erforderlich sind. NLP (neurolinguistisches Programmieren) oder wingwave® (Wegwinken) allein, was viele Coaches im Sport einsetzen, greift hier zu kurz, wie die Coaching-Erfahrung zeigte, die Gerd schon mitbrachte. Diese Coachings hatten keine Verbesserung gebracht, weil die Symptome zu sehr im Vordergrund standen und „bearbeitet" wurden.

Das heißt dem „Bewusstsein" ist genauso Rechnung zu tragen, wie dem „Unterbewusstsein". Im Cocktail der Lösungen, die es für einen rational geprägten Ingenieur braucht, damit Gerd seine „Welt" verändern kann, sind ZDF, d.h. Zahlen, Daten, Fakten sehr wichtig. Das bedeutet, dass die Zahlen, Daten, Fakten zum Beispiel bei einem Hypnose-Coaching zu einer leichteren Annahme und tieferen Verankerung der angebotenen und letztlich angenommenen Lösung führen.

Raus aus der Falle – Nobody is perfect

„Es ist mein Job, nie zufrieden zu sein." Wernher von Braun

Im ersten Schritt kam es also darauf an, Gerd seine Perfektionsfalle bewusst zu machen und ihn dann aus dieser herauszuführen. Dazu war es wichtig, Perfektions- und Nullfehler-Anspruch vom Thron der Pyramide zu stoßen (siehe Abbildung). Unter Hypnose musste sich Gerd vorstellen, ob Perfektion jemals final erreicht werden könnte. Gerd kam dabei zur Einsicht, dass Perfektion in seinem beruflichen Umfeld unmöglich ist. Dazu war das Thema zu komplex, was gleichbedeutend dafür ist, dass es immer zu einem Fehler kommen kann. Das Ergebnis war vorhersehbar und doch für Gerd eine bedeutende Einsicht. Egal wie weit er die Fehlerquote in seinem beruflichen Umfeld senkte, er erreichte nie 100,00 %. Immer gab es einen Restausschuss und sei es nur ein Teil von einer Million, welches fehlerhaft ist. Als Ingenieur war ihm das voll bewusst, nur sein Unterbewusstsein hatte verlernt, dies einzusehen. Er brach in Tränen aus und gleichzeitig wuchs die absolute Einsicht: Perfekt ist nichts oder niemand! Es machte also für Gerd keinen Sinn mehr, die Messlatte für sich (Identitätsebene!) immer höher zu legen und noch höhere Qualität anzustreben. In diesem Zustand bot ich Gerd noch eine Alternative zu dem Wort „perfekt" an, das dann, wieder zurückgekehrt aus der Hypnose, seine volle Wirkung entfalten konnte. Dies erfolgte in Form eines verbalen Reframings. Reframing bezeichnet die Fähigkeit, ein Verhalten oder eine Situation aus unterschiedlichen Perspektiven zu beleuchten bzw. einen anderen Rahmen um eine Situation oder einen Begriff zu legen. Es macht unseren Geist frei und beweglich; die Bedeutung wird flexibel gesehen. Dadurch stehen in schwierigen Situationen erheblich mehr Wahlmöglichkeiten zur Verfügung. Unter Hypnose wurde das Wort „bestmöglich" als Alternative zu „perfekt" eingeführt. Zwischen „perfekt" und „bestmöglich" liegt ein wesentlicher Unterschied. Perfektion lässt keine Fehler zu. „Bestmöglich" lässt durch Fehler zu und konzentriert zusätzlich mehr auf den Prozess und weniger auf das Ergebnis.

Golfen wie Kaymer – kann fast keiner

„Caddy ist ein Helfer im Golfspiel, der auch nicht gesehen hat, wohin der Ball geflogen ist." Unbekannt

Kommen wir zum Golf zurück: Auch hier geht es darum, den Schlag oder den Putt bestmöglich auszuführen, entsprechend dem eigenen Leistungsvermögen. Das heißt keinesfalls, dass dies mit „perfekt" gleichzusetzen ist. Zum anderen gilt es klarzustellen, dass eine solche Prozessorientierung nicht zwangsläufig impliziert, dass der Ball bzw. der Putt direkt im Ziel bzw. Loch landen muss. Das Gehirn ist ein cleverer Computer. Langweilt sich unser Prozessor im Kopf oder arbeitet er ständig bei 120 Prozent, sind keine Spitzenleistungen möglich. Er mag weder Überforderung noch Unterforderung, um bestmögliche Leistungen zu erzielen. Dabei fängt Überforderung schon viel früher an, nämlich bei den Erwartungen, was wir als Amateur so alles an Schlägen hinzaubern wollen, und das natürlich zu 100 Prozent. Kurzum, kein Schlag oder Putt darf danebengehen. Kommen wir zu den Statistiken, um Gerd die Möglichkeit zu geben, zukünftig seine Leistung besser einschätzen und vergleichen zu können, um damit aus der permanenten Überforderung herauszukommen. Um das Bild von Gerd von seiner Erfolgsquote beim Schlagen oder Putten zurechtzurücken, zog ich hier Zahlen, Daten und Fakten aus Golfstatistiken von Profis heran. Allerdings fragte ich ihn zuvor, welche Erwartungen er an sich selbst hat. Wie sich herausstellte, überforderte er sich nicht nur im Beruf, sondern auch bei seinem Hobby Golf.

Vereinfacht ausgedrückt dachte Gerd 100 % der Bälle sollen punktgenau dort landen, wo er diesen hinhaben wollte, ganz gleich bei welcher Länge des langen Schlages. Wie auch 100 % der Putts aus einem Meter ins Loch fallen mussten. Null Prozent Abweichung vom Zielpunkt, entsprechend seines „Null-Fehler-Denkens in der Produktion. Dieser Anspruch war höher als einer der bekanntesten deutschen Golfer, Martin Kaymer, von sich erwarten kann. Zum Vergleich: Je nach Leistungsgrad des Golfspielers rechnen diese mit einer prozentualen Abweichung um den Zielpunkt. In Abhängigkeit von der Länge, beträgt der Trefferradius beispielsweise zehn Prozent, das bedeutet bei einer Distanz von 50 Meter darf der Ball im Radius von 5 Metern landen. Bei 100 Metern Entfernung bedeutet dies 10 Meter.

Der menschliche Computer zwischen den Ohren ist ein faszinierendes Werkzeug. Vielen Golfspielern spielt das Unterbewusstsein einen Streich. Es kann sein, dass ihr Gehirn in der

Vergangenheit Perfektion an vielen kleinen Gewohnheiten festgemacht hat. Je älter und länger diese Gewohnheiten bestehen, desto schwerer fällt es, sich davon zu verabschieden bzw. desto stärker hält das Gehirn daran fest. Das heißt auch wenn ihr Verstand sagt, zehn Prozent Abweichung ist in Ordnung, spüren sie eine Enttäuschung, wenn der Ball nicht genau im Ziel liegt. Verstärkt wird dieses Gefühl auch dadurch, dass viele Golfer im Fernsehen, immer nur die guten Schläge der Profis zu sehen bekommen. Im Ergebnis ist die Erwartungshaltung vieler Amateure bezüglich der eigenen Leistung fernab von der Realität und liegt meistens weit über der der Profis. Damit geht eine Überforderung einher, die bei Gerd die Überforderung nach noch mehr fehlerlosen Schlägen nur noch verstärkte.

Die folgenden Statistiken stammen aus dem Jahr 2013. Die richtige Bewegung und den richtigen Schwung vorausgesetzt, fliegt der Ball in etwa wie folgt:

	Mickelson	Woods	Professional	Fortgeschrittener	Amateur
Driver	275	259	250	210	190
Holz 3	244	241	230	200	170
Eisen 9	141	129	130	110	90

Tabelle 1: Schlagweiten im Vergleich
Quelle: http://www.wissen-info.de/golf/schlagweiten.php#durchschnitts-schlagweiten_profigolfer

Die Ehrgeizigen unter uns, so wie Gerd, wissen, aber blenden aus: Nicht auf die Weite kommt es an, sondern auf die Genauigkeit. Um es auf den Punkt zu bringen: Das Produkt aus Weite und Genauigkeit ist entscheidend! Zuvor hatte ich Gerd abgefragt, wie oft trifft er denn den Punkt, wo er den Ball hinbekommen will? Wie folgt, sieht es in der Realität aus.

Profis	63 %	261 m
Handicap 0	64 %	238 m
Handicap 10	50 %	205 m
Handicap 20	43 %	174 m

Tabelle 2: Fairway-Treffer je Spielstärke.
Quelle: www.meine-golfwelt.de/content/professionales-golf/vergleich-pga-spieler-und-amateur/

Das Problem sind die Erwartungen, die wir an uns selbst stellen, sowohl im Business als auch als Golfer. Als Golfspieler kassieren wir mehr Enttäuschungen, als wir denken. Wir sorgen selbst dafür, dass wir feststecken bzw. wir machen es uns auf einem einmal erreichten Lern- oder Leistungsplateau bequem. Nur neue Gewohnheiten, in Form von höheren, selbst gesteckten Zielen, ein Trainingsplan und fortwährendes Feedback bringen uns voran. Gerade aber Feedback fehlte Gerd auch im Business. So drehte er nicht nur im Business sondern auch im Sport im roten Drehzahlbereich.

Auch beim Putten überforderte er sich permanent. Hier noch Statistiken, um die Puttingquoten unterschiedlicher Leistungsklassen klar zu ziehen:

Gerds Anforderung an sich selbst betrug bei 100 % Trefferquote aus einem Meter Entfernung und bei 95% zwei Meter. Die Überraschung war groß, als er auch hier erkannte, dass er von sich weit mehr erwartete als die Profis erzielen. Aus 26.000 ausgewerteten Runden beträgt die Ausbeutungsquote bei den Profis bei ca. 90 cm Distanz zum Loch sage und schreibe 99 %.

Prozent gelocht	Profis	Handicap 0-5	Handicap 6-10	Handicap 11-15	Handicap 16-25
Bis 91 cm	99 %	94 %	94 %	93 %	87 %
Bis 152 cm	86 %	70 %	68 %	64 %	62 %

Tabelle 2: Fairway-Treffer je Spielstärke.
Quelle: www.meine-golfwelt.de/content/professionales-golf/vergleich-pga-spieler-und-amateur/

Damit wurde klar, dass selbst ein Profi eine gewisse Streuung in seinen Putts und Schlägen hat. Nicht jeder Putt gleicht den Fernsehbildern und landet immer in der sicheren Zone bzw. direkt im Loch. Im Abgleich mit den im Internet vorhandenen

Statistiken konnte Gerd, wie im Business mit den Qualitäts-kennzahlen, nun seine Erwartungshaltung hinsichtlich der Schlag- und Puttergebnisse auf rationaler Ebene korrigieren, das heißt auf ein Niveau positionieren, das seiner Leistungsklasse als Ligaspieler entsprach. Vorher hatte sein Anspruchsniveau weit über den statistischen Werten von Profis gelegen.

Das Reduzieren der Erwartungshaltung auf Basis der Statistiken von Golfprofis, der Ersatz des Begriffes „perfekt" durch „bestmöglich" – sowie die damit einhergehende Prozessorientierung und die Erleichterung, die mit dem Zulassen einer höheren Streuung bei Putt und Schlag einhergeht – führten zu einer nachhaltigen Entspannung und zu weit besseren Ergebnissen mit weniger Schwankungen bei den Folgeturnieren.

Zurück auf Los – Rückschluss aus dem Golf für das Business

„Suche nicht nach Fehlern, suche nach Lösungen." Henry Ford

Für Gerd war es großes Glück und von großem Nutzen, dass er einen Coach fand, der nicht nur das Thema Golf behandelte, sondern den größeren Zusammenhang erkannte. Das Beispiel von Gerd zeigt auf, dass auch beim Golfcoaching nur eine ganzheitliche Betrachtung zum Erfolg führt. Das Coaching muss die Arbeitswelt, die Familie und vor allem die innere Welt des Klienten mit einbeziehen. Sonst ist keine nachhaltige Änderung der Sichtweisen und Gewohnheiten möglich.

Das ging nur, weil ich mehr als 20 Jahre lang, jede Woche mindestens eine Fabrik von innen gesehen habe und viele Ingenieure gecoacht habe. Damit kannte ich Gerds Welt von innen und wusste wir er tickt.

Gerd konnte jetzt viel besser seine eigene Leistung beim Golf einschätzen und einordnen. Über die realistische Einschätzung seiner sportlichen Leistung stellten sich Veränderungen in der Betrachtung seiner betrieblichen Leistungen ein. Ihm wurde klar, was er alles bereits hinsichtlich der Fehlerquoten für Verbesserungen erzielt hatte und ein Gefühl stellte sich ein: Stolz. Er konnte sich selbst viel besser anerkennen. Stolz auf eigenen Leistungen führt zu höherem Selbstwert. Damit war der

Ausstieg aus dem Hamsterrad – ich muss immer noch perfekter sein – geschafft.

Zur Untermauerung dieses wieder auferstandenen Gefühls zog ich auch hier ZDF´s, das heißt Statistiken und Benchmarks aus seiner CAQ (Computer Aided Quality)-Software heran, die dazu führten, dass er seine Leistung und sich selbst durch das Zahlenmaterial bestätigt fühlte. Ihm wurde klar, dass er jeden Tag sein Bestmögliches gab, und dies erlaubte, dass es auch den einen oder anderen Fehler geben durfte.

Zusammengefasst lernte Gerd seine eigenen überzogenen Erwartungshaltungen sowohl für das Business, wie auch im Golfsport kennen. Er begriff, dass es perfekt nicht gibt und dass es auf den Maßstab ankommt. Er begriff auch, dass er täglich sein Bestmögliches leistete. Bezogen auf die Abbildung oben, rutschte die Perfektion aus der Identitätsebene nach unten, weil er jeweils andere Maßstäbe im Beruf und im Golfspiel anlegte und die Abhängigkeit der möglichen Leistungen von seinen Fähigkeiten erkannte. Das Entscheidende jedoch war, dass er seine Leistungen jetzt aus dem Blickwinkel „bestmöglich" betrachtete. Eine positive, stressvermeidende Einstellung im Vergleich zum Anspruch „ Ich muss perfekt sein". Damit war ein Meilenstein erreicht.

Details aus dem Weg räumen

„Das Streben nach Vollkommenheit macht manche Menschen vollkommen unerträglich." Pearl S. Buck

Dieses zielt auf die Detailversessenheit ab, die es bei Gerd aus dem Weg zu räumen galt, weil diese meist mit der Perfektion einhergeht. Die Perfektion war zuvor auf der Ebene der Identität, also in der Person selbst angesiedelt. Damit galt sowohl für Beruf, Familie und Golfspiel die gleiche überzogene Detailorientierung. Mit dieser Detailversessenheit brachte Gerd sein Umfeld regelrecht zum Glühen, wie der Ätna nach einem Ausbruch.

Im weiteren Verlauf unserer Zusammenarbeit ging es also zusätzlich darum, „Detailorientierung" neu zu definieren („Reframing") und zwischen unterschiedlichen Verhaltensbereichen zu differenzieren: Seinem Verhalten als verantwortlicher Produktionsingenieur, seiner Erwartungshaltung als Golfspieler und seiner Erwartungshaltung in seinem Familienleben. Der Trick in der entscheidenden Hypnose-Session bestand darin, Gerd dazu zu bewegen, hinsichtlich seiner Detailansprüche zwischen Berufsleben, Golf und Familie zu unterscheiden. Vorteilhaft war, dass Gerd die statistischen Unterschiede und Leistungsklassen schon kannte und sich Ziele, Ergebnisse und Erwartungshaltungen in seinem Unterbewussten neu ordneten und es diesbezüglich „klick" im Hirn von Gerd machte. Das Coaching wurde mittels Hypnose intensiviert, um die neuen Maßstäbe und Bezugsrahmen sowie die jetzt differenzierte Betrachtung, welche Details erfüllt sein müssen, in tiefere Bewusstseinsregionen zu transportieren.

Als Erfolg war zu sehen, dass das Muskelzucken nach einer gewissen Zeit kein Thema mehr war. Die Kontinuität beim Spiel verbesserte sich wieder, und darüber hinaus konnte er nun auch seinen Berufsalltag anders sehen. Nullfehler und Detailorientierung waren vom Thorn gestoßen worden. Es hatte Platz für andere wichtige Dinge, wie Familie und Freizeit. Gerds Leben und er selbst entspannte sich nachhaltig und in allen Lebensbereichen entwickelten sich die Dinge zu seinem Besten.

Weltrekord im Quatschen: Die Rede zum Sieg in Stuttgart

Wer von Ihnen kam mit Mentaltraining schon in Berührung? Bei wem hat es funktioniert? Und bei wem hat es nicht funktioniert?

Herzlich Willkommen, mein Name ist Ewald Mader, ich bin Diplom-Kaufmann, Unternehmer, Herzenskrieger, Mentaltrainer und habe ein Golfmentalbuch „Denken Sie noch oder golfen Sie schon" veröffentlicht.

Ich war vieles in meinem Leben. Zuerst Diener: Bei meinem Vater musste ich für zwei Mark die Stunde in der Gastronomie schuften. Ich musste schon Bierzapfen, als ich noch einen Hocker brauchte, um an den Zapfhahn zu kommen. Emotional vernachlässigt blieb ich in der Schule sitzen, schaffte aber dennoch Abitur und Studium.

Dann war ich 30 Jahre lang Krieger: Ich kämpfte für den Erfolg meines selbstgegründeten Unternehmens, musste Niederschläge einstecken, mein „Kreuz" bekam ob der finanziellen Lasten einiges ab, da es mehrere Millionen Schulden jahrelang zu tragen hatte. Meine Ehe ging dabei drauf.

Als ich zum zweiten Mal nahezu bankrott war und keine Bank mir mehr Geld leihen wollte, begann ich mit Mentaltraining und änderte damit meine Gewohnheiten völlig. Das hat mein Bewusstsein und mein komplettes Leben zum Positiven verändert. Mein Unternehmen lief jetzt wie von selbst, ich fühlte mich wie ein König und wurde ständig um Rat gefragt, damit die Firma nur noch besser lief. Dann habe ich abgedankt und mein Unternehmen verkauft.

Heute bin ich nicht nur finanziell frei, sondern ich werde in vielen anderen Bereichen vielfach als Redner und Ratgeber geschätzt. Aber es geht um etwas anderes, heute weiß ich warum ich auf der Welt bin, was der tiefere Sinn meines Lebens ist. Ich bin hier auf dieser Welt, weil ich sehr viel geben kann, möglicherweise auch Ihnen.

Ich würde heute nicht hier stehen, wenn ich nicht entdeckt

hätte, dass das Mentaltraining, der entscheidende Punkt zur Veränderung meines Lebens war. Ich habe viele Fehler gemacht und musste mein ganzes Leben lang kämpfen, kämpfen.

Heute bin ich sehr reich an tiefen Erfahrungen. Dieses Wissen können Sie anzapfen. Sei es für Sie persönlich, für Ihre Partnerschaft, für Ihr Business oder für Sie als Golfsportler.

Nach dem Abitur traute ich mich nicht, den Weg als Profisportler einzuschlagen. Heute habe ich mir meinen Jugendtraum erfüllt. Ich bin Experte für machtvolle Gewohnheiten und Mental- und Hypnosecoach für Golfer.

Dazu eine kleine Geschichte. 2017 coachte ich eine Gruppe von Golfnachwuchsspielern. Ich versetzte die Gruppe in eine leichte Hypnose und installierte ihnen im Nacken eine kleine „Lernmaschine". Die machte hellwach, verhalf zu mehr Konzentration und Fokussierung. Spontan lieferte sie für jede noch so große Herausforderung die beste Herangehensweise für den nächst anstehenden Golfschlag nach dem Motto: „Ich bringe jeden Schlag leicht und geradewegs ins Ziel."

Zwei Jahre später bei einem anderen Mental-Seminar saß ein Junge, dessen Bild ich noch heute genau vor Augen habe. Dieser Junge erzählte, dass er ein Jahr als Austauschschüler in Australien war. Die kleine Lernmaschine von damals, hat ihm nicht nur beim Golfspielen, sondern auch in der Schule geholfen, Lösungen für Aufgaben leichter und schneller zu finden. Auch sei er in der Schule viel besser geworden.

Jetzt denken Sie vielleicht, Mentaltraining und Hypnose ist ein neues Thema. Da liegen Sie komplett falsch. Das erste Buch über Mentaltraining und Hypnose bestellte ich mir aus Amerika. Dies war aus dem Jahre 1961: „How you can play better Golf with hypnosis".

Hier ich habe es mitgebracht.

Egal welche Profisportler Sie beobachten, Fußballer, Golfer, usw. Sie können verfolgen, wie diese sich mental auf ihre Aufgabe einstimmen und sich in ihren Leistungstunnel begeben.

Um mehr Erfolg im Beruf zu haben: Wäre es nicht sinnvoll, sich eine Scheibe von den Profisportlern abzuschneiden, und

Mental- und Hypnosetraining zur Verbesserung Ihrer Ergebnisse einzusetzen? Ganz gleich an welchem Bereich Ihr Herzblut hängt, Sie könnten sich mit Mentaltraining neue Gewohnheiten zulegen. In Ihrem Business bzw. bei dem, was Sie schon sehr gut beherrschen oder sehr gerne tun, können Sie sich noch mehr steigern. Dafür stehe ich hier und darf heute zu Ihnen sprechen. Und ich freue mich, wenn es mir gelungen ist, eine Tür für Sie zu öffnen und in Demut kann ich sagen, dass ich durch Mentaltraining heute sehr glücklich bin und einen tieferen Erfahrungsschatz in mir habe, den ich gern mit Ihnen teilen möchte.

Herzlichen Dank für Ihre Aufmerksamkeit.

Führe dich selbst, sonst macht es ein anderer

Pia Baur

Profil – Pia Baur

Pia Baur ist systemischer Personal- und Businesscoach, zertifizierte Meditations- und Yogalehrerin und unterstützt mit ihrem ganzheitlichen Ansatz sowohl private Klienten als auch Unternehmen mittels Bewusstsein und Selbstmanagement der eigenen Gedanken und Gefühle, ein gesundes und zufriedenes Leben in Kraft, Selbstkenntnis und Zuversicht zu führen. Für ein Leben, das von innen erfüllt.

Sie schöpft aus ihrer über 8- jährigen Konzernerfahrung als Marketingmanagerin und Account Executive und trainiert als Expertin für Mindfulness Unternehmen, emotionale Intelligenz, Wohlbefinden und Empathie zu stärken.

Ihre privaten Klienten betreut sie mit einem eigens dafür geschaffenen persönlichen 1:1 Coaching-Programm. Pia Baur hält Workshops und Vorträge und berät Magazine als Expertin für Mindfulness.

www.piabaur.de
Facebook/Instagram: @mindfulcoachingyoga_bypia

Führe dich selbst, sonst macht es ein anderer

Wie wir Bewusstsein für uns selbst aufbauen, um uns und andere besser zu managen

Carolin sitzt bereits im dritten Strategie-Meeting, es ist Dienstagnachmittag. Die vier anderen Team Leiter diskutieren angeregt über die Fortschritte ihrer Projekte rund um Marken und Performance ihrer Teams. Es wird mit Zahlen, Daten und Fakten um sich geworfen. Ein Projekt hört sich größer und erfolgreicher an als das nächste. Budgets werden diskutiert, Kooperationen geschmiedet und wieder verworfen.

So richtig anwesend ist Carolin aber nicht. In ihrem Kopf spielen sich ganz andere Szenarien ab: Wann gehe ich endlich zum Sport, ich sollte dringend mal wieder ins Yoga. Und was mache ich am Wochenende? Warum hat mein Freund eigentlich heute Morgen so komisch reagiert? Ich hoffe, dass das mit der Beförderung innerhalb der nächsten Monate über die Bühne geht. Und was, wenn nicht, soll ich dann gehen? Die sollen meine Arbeit endlich anerkennen. Ich bin schon so lange dabei und habe so viel dafür geopfert. Oh je, wenn das nicht passiert, dann mach ich hier gar nichts mehr … Puh, das ist alles ganz schön stressig. Ich möchte einfach nur ich selbst sein, in Ruhe meine Sachen machen und nach mir schauen – wenn das so weitergeht, geht es mir bald nicht mehr gut.

Plötzlich wird sie aus ihren immer tiefer kreisenden Gedanken geholt: „Carolin, was sagst du zu der Idee?" – „Äh ja … passt. Finde ich ganz toll."

Von was haben sie gerade gesprochen? Ich wünschte, ich könnte einfach mal sagen, wie es mir geht, denkt sie bei sich.

Carolin ist 36 und Teamleiterin im Marketing eines großen Unternehmens. Vor zehn Jahren hat sie ihr Universitätsstudium mit glänzenden Noten abgeschlossen und ist beruflich direkt in eine verantwortungsvolle Position eingestiegen. Seit zwei Jahren leitet sie ein Marketingteam von vier Personen. Erste Führungserfahrung hatte sie dank einiger Praktikanten zu diesem Zeitpunkt bereits.

Carolin ist ambitioniert und möchte schnellstmöglich mehr Führungsverantwortung übernehmen, um im Unternehmen weiter aufzusteigen. Sie ist davon überzeugt, dass sie das schaffen kann und dass sich die harte Arbeit, die sie bisher in ihre Karriere gesteckt hat, dann auszahlt.

Carolin brennt für ihre Marketingthemen und neigt dazu, sich in ihren Aufgaben zu verlieren und die Zeit vollkommen zu vergessen. Aber auch bei anderen Themen, die ihr weniger liegen, setzt Carolin sich unter großen Druck, denn die Beförderung und das Ansehen sind ihr sehr wichtig. Deswegen kann sie sich abends nur schwer von der Arbeit losreißen. Es sind hohe Anforderungen, die sie an sich selbst stellt: Sie möchte eine gute Führungskraft sein, ihr Team entwickeln, mit ihm wachsen, ein Ohr für ihre Kollegen haben, sich selbst entfalten und trotzdem die Mengen an Aufgaben bestmöglich managen sowie in den oberen Etagen gesehen und gehört werden.

Seit einiger Zeit bemerkt Carolin aber, dass ihr die Dinge nicht mehr so leicht von der Hand gehen. Sie ist schnell gereizt, kann weniger Empathie und Verständnis aufbringen, zieht sich immer mehr zurück, wenn ihr die Dinge über den Kopf wachsen, und fühlt sich ausgelaugt.

Ihre Gedanken schweifen oft ab, und Carolin ist in den Meetings nicht mehr richtig präsent. Um ihrem Anspruch und der Menge an Anforderungen gerecht zu werden, versucht sie, die Aufgaben und E-Mails sogar während der Teammeetings zu bearbeiten.

Carolin spürt jedoch, dass die Menge an Kraft und Arbeit, die sie für ihre Aufgaben aufbringt, ihr die Zeit für ihre privaten Wünsche und Bedürfnisse nimmt.

Oft geht sie mit Gedanken an die Arbeit ins Bett und wacht mit denselben Gedanken wieder auf. Für ihren wöchentlichen Sportkurs bleibt ebenso wenig Zeit wie für ihre Freunde. Das macht sie zunehmend unzufriedener. Ihre Gesundheit rächt sich mit wiederkehrenden Erkältungen.

Carolin ist in einer Beziehung und wünscht sich eine Familie. Ihr Freund beschwert sich jedoch immer häufiger, dass sie zu wenig präsent sei. Doch wie soll sie seine Bedürfnisse auch noch in ihrem Terminkalender unterbringen?

Ihr Wunsch ist es, wieder motivierter, kreativer und konzentrierter zu sein, ihr Team besser unterstützen und weiterentwickeln zu können und für sich selbst eine gesunde Balance aufzubauen, damit sie sich wieder wohlfühlt. Aber sie steckt im Hamsterrad fest und weiß nicht, wie sie dies stoppen kann.

Puh, wenn ich so weitermache, kann ich meine Karriere vergessen, und privat geht es auch den Bach runter.

Carolin sucht ein Gespräch mit der Personalabteilung und schildert dort ihre berufliche Situation. Dem Unternehmen ist bewusst, dass motivierte und ambitionierte Talente weiterentwickelt werden müssen. Deshalb stellt man ihr einen systemischen Businesscoach an die Seite, der mit ihr frei, ohne Vorgaben, ihre Themen bearbeiten kann.

Im Folgenden durchläuft Carolin mit der Unterstützung ihres Coachs innere Prozesse, um ein Bewusstsein für sich selbst und ihre Überzeugungen zu schaffen sowie zu lernen, wie sie besser für sich sorgt und sich selbst managt, um ihr Potenzial optimal auszuschöpfen und gleichzeitig in Balance und Wohlbefinden zu leben.

Jede Führungsrolle startet bei einem selbst
So wie Carolin sich fühlt, geht es immer mehr Menschen. Aufgrund veränderter Arbeitsbedingungen, volatiler Märkte und der rasanten digitalen Entwicklungen befinden wir uns in einer Phase der Ungewissheit. 35 Prozent der Arbeitnehmer nennen den Leistungs- und Termindruck belastend, sowie die Menge an parallelen Aufgaben und die Schnelligkeit der Bearbeitung als Grund für ein hohes Stresslevel. Dies führt zu einem Anstieg von Krankheiten und vermehrten Krankheitsausfällen in Unternehmen, beispielsweise wegen Rückenproblemen oder unspezifischen Symptomen wie Erschöpfung, die auf Anspannung und Stress zurückzuführen sind.

Ein neuer Halt wird gesucht

Deswegen suchen Menschen zunehmend nach einem Halt im Leben. Google Trends, eine Analyse der Suchbegriffe im Internet, verzeichnet seit ~2014 einen enormen Anstieg der Suchwörter Resilienz (Stärkung der Widerstandskraft) und Mindfulness (Achtsamkeit), was den Wunsch nach bewusstem Handeln und mehr Präsenz in einer schnelllebigen Welt widerspiegelt. Bewusstsein, Eigenverantwortung, Selbstregulierung und Selbstmanagement bilden dabei die Basis für ein zufriedenes, erfülltes, gelassenes und erfolgreiches Leben in Beruf und Privatleben.

Ein Schlüssel ist das Bewusstsein über die eigenen „Trigger", also innere Impulse, die unangenehme Gefühle, Gedanken oder Verhaltensweisen auslösen. Sie werden so plötzlich aktiviert, dass man sie nicht bewusst steuern kann. Eigenverantwortlich Bewusstsein über diese Trigger zu erhalten und sie zu erkennen, hilft, die eigene Fürsorge und das Selbstmanagement zu stärken, um dadurch auch andere Menschen besser führen zu können.

Die Basis unseres eigenen Bewusstseins ist die Verbindung von Gedanken, die wiederum Gefühle auslösen und vice versa. Diese führen dann zu einer Reaktion oder Handlung. Denken wir zum Beispiel: „Ich bin topfit", gibt dieser Gedanke uns das Gefühl, dass wir uns tatsächlich wohl, energetisch und stark fühlen. Je öfter diese Vorgänge ablaufen und wahrgenommen werden, desto mehr werden sie automatisiert und zu unserer positiven oder auch im Gegenteil zur negativen Überzeugung. Diese gilt es zu hinterfragen.

Der Gedanken-, Gefühls- und Reaktionsprozess wird im Folgenden erklärt. Sie sind herzlich eingeladen, die Übungen für sich selbst ebenfalls durchzuführen.

Die Coachingtipps sollen Sie und Carolin unterstützen, die eigenen Wahrnehmungen und Überzeugungen zu verstehen, die dadurch entstehenden Handlungen zu reflektieren, eigene Bedürfnisse anzuerkennen und die persönlichen Ressourcen zu managen. Das Ziel ist dabei, in Ruhe, Gelassenheit sowie Mitgefühl mit sich und anderen wieder zufrieden und erfüllt zu leben.

Die Gedanken sind die Worte, die Sie sich selbst sagen

Jeder Mensch ist geprägt von seinen Erfahrungen, dem Ort, an dem er oder sie aufgewachsen ist, von Familie und Gesellschaft. Die Beschaffenheit der Medien, mit denen wir uns täglich umgeben, haben zudem einen großen Einfluss auf unsere Wahrnehmung: Ist die persönliche Umwelt eher gekennzeichnet durch Katastrophen und Sorgen, Bildern von Perfektion in Lebensstil und Aussehen, die unerreichbar scheinen? Oder herrschen Dankbarkeit, Zuversicht, ein positives Weltbild und Zufriedenheit mit dem, was man schon hat?

Das Unterbewusstsein spielt dabei eine große Rolle. Automatisierte Gedankengänge und die oben genannten Einflüsse prägen, wie wir uns fühlen und handeln. Stellen Sie sich einmal vor, Sie müssten jeden Eindruck, den Sie gewinnen, verarbeiten, wie zum Beispiel alle Menschen in der U-Bahn, jedes Klingeln eines Handys, Radiomusik und Nachrichten im Hintergrund sowie das Gespräch von nebenan. Das wäre überhaupt nicht möglich. Deswegen entscheidet das Gehirn unterbewusst und automatisiert, was für unser aktives Bewusstsein wichtig ist und was nicht, um einerseits Energie zu sparen und andererseits die Mengen an Eindrücken zu filtern, strukturieren und einzuordnen. Diese Vorgänge werden dann im Unterbewusstsein abgespeichert. Ebenso automatisiert unser Gehirn unsere Denkweise, die sich im Laufe der Zeit aufgrund von Erfahrungen und Beeinflussungen gebildet hat.

Nehmen wir Carolin als Beispiel. Sie schildert dem Coach ihre Situation, erzählt, dass sie ambitioniert ist und im Unternehmen angesehen sein möchte, indem sie immer weiter aufsteigt. Der innere Antrieb und die Überzeugung, die ihr sagen: „Du musst funktionieren, du musst es schaffen und leisten" sind so präsent und automatisiert, dass ihr Wohlbefinden, das für ihre Balance zuständig ist, immer wieder darunter leidet. Diese Überzeugung hat ihre Karriere bisher sehr weit vorangebracht. In der Coachingsession möchte der Coach nun verstehen, warum sie dieses hohe persönliche Ziel hat und in welchem inneren Konflikt sie sich gerade befindet.

Diese Fragen stellt der Coach Carolin – und Ihnen:

- Versetzen Sie sich in eine Situation, in der der Antrieb, ans Ziel zu kommen, sehr präsent war oder ist. Wann sind der Antrieb, der innere Kritiker oder auch die Angst besonders präsent? Benennen Sie eine konkrete Situation.
- Sind andere Personen involviert? Was wird gesagt? Stellen Sie es sich ganz lebhaft vor. Und fragen Sie sich: Was sagen Sie sich selbst?
- Was könnte Ihr Gedanke in der Situation sein? Beispielsweise: Ich muss …; wenn ich das nicht tue, passiert …; ich kann das nicht; nur wenn ich das tue, dann …; nie werde ich anerkannt …
- Haben Sie die Situation bereits zuvor erlebt? Ist hier derselbe Gedanke präsent?
- Was ist der primäre Gedanken, der ausgelöst wird?

Carolin entdeckt, dass der Antrieb oft in Situationen aufkommt, in denen sie sich zwischen Ruhephase und Arbeit entscheiden muss. In diesen Entscheidungskonflikt gerät sie in Meetings, wenn es darum geht, neue Projekte zu übernehmen, die ihre Präsenz und Karriere befeuern könnten. Wenn sie nach ihrem Engagement dabei gefragt wird, entsteht innerer Druck, der zu dem Gedanken führt, sie müsse die Projekte übernehmen, sonst würde sie nie ihre Beförderung bekommen. Ihre Gedanken sind: „Ich muss 150 Prozent geben, sonst bekomme ich keine Anerkennung" sowie „Ich darf keine Pause machen, ich muss es euch beweisen."

Coachingtipp:

- Setzen Sie den primären Gedanken, den Sie entdeckt haben in eine imaginäre Denkblase.
- Schließen Sie die Augen, versetzen Sie sich in die Vogelperspektive und schauen den Gedanken in der Blase von außen an.
- Fragen Sie sich jetzt, ob der Gedanke wahr ist. Ist der Gedanke real?
- Ist er wirklich real?
- Betrachten Sie die Situation aus allen vier Ecken des Raumes heraus, mit Ihrer Gedankenblase über Ihrem Kopf.
- Was empfinden Sie dabei? Ist der Gedanke wirklich wahr?

Carolin antwortet dem Coach nach einer Bedenkzeit Folgendes: „Der Gedanke ist nicht wahr. Eigentlich muss ich niemandem etwas beweisen. Meine Eltern finden ja jetzt schon gut, was ich mache. Eigentlich mache ich mir nur selbst Druck, aber wenn ich eben nicht erfolgreich bin, dann bin ich eine Versagerin. Das fühlt sich gar nicht schön an."

Warum brauchen wir Bewusstsein und die Rationalität im Verstand?

Da rund 80 Prozent unserer Gedanken aufgrund von gewünschten Automatisierungen des Gehirns sich jeden Tag wiederholen, ist das Bewusstsein über genau solche automatischen Gedankengänge essenziell, um die eigenen Wahrnehmungen und Überzeugungen überhaupt erkennen und verändern zu können. Der abendliche Griff zur Schokolade auf dem Sofa kann auch erst verändert werden, wenn der automatische Prozess aktiv erkannt und gegengesteuert wird. Dies unterstützt den Reflexionsprozess und gibt Klarheit darüber, warum wir denken, wie wir denken. Zudem lassen sich die eigenen Motivatoren bezüglich täglicher Handlungsweisen identifizieren. Erst wenn wir unsere eigenen Überzeugungen und Gedanken verstehen, können wir auch Teammitglieder motivieren und einfühlsamer mit ihnen umgehen.

Veränderung kann nicht im Kopf stattfinden – man kann nicht den Verstand nutzen, um seinen Verstand zu verändern.

Emotionen sind das Barometer des Wohlbefindens

Der nächste Schritt, um sich selbst besser führen zu können, ist das Erkennen und in gewissem Maße Steuern der eigenen Gefühlslage, auch emotionale Regulierung genannt.

Carolin schläft nach langem Grübeln oft mit den gleichen Gedanken ein und wacht morgens wieder mit ihnen auf. Häufig fühlt sie sich ausgelaugt. Am Wochenende ist sie meist antrieblos und dadurch gereizt und lustlos, weil sie die Woche so viel Energie kostet. Sie wünscht sich, gründlich auszuschlafen und entspannt auf dem Sofa zu liegen. Das macht ihr aber auch keine Freude. So oft wie letztes Jahr war sie noch nie erkältet. Das gibt ihr zu denken und macht sie traurig. Sie wünscht sich, wieder mit Kraft, Elan und Freude arbeiten zu können. Ihr Körper ist ständig der Ausschüttung von Stresshormonen ausgesetzt, damit sie die volle Leistung, die sie von sich selbst in ihrer Position fordert, erbringen kann. Um die Stresshormone, die auf Dauer zu Schäden unter anderem im Gehirn führen können, abzubauen, sollte sie dringend aktive Entspannungsphasen einbauen, diese kommen bei ihr gerade zu kurz.

Warum fühlen wir uns gestresst?

Stress ist eine der meistgenannten Antworten, wenn nach dem Gefühlszustand gefragt wird. Das vegetative Nervensystem steuert automatische Vorgänge im Körper und um auf Impulse und Gefahren zu reagieren. Das System agiert im Gefahrenmodus immer gleich. Vor Urzeiten war es der Angriff des Säbelzahntigers, heute rückt eine Abgabe näher und der Chef macht Druck. Im „Fight-and-Flight-Modus" (Angriff oder Rennen) werden Stresshormone wie Cortisol ausgeschüttet, die unter anderem die Herzaktivität und den Blutdruck steigern, um die Muskeln besser zu durchbluten. Der Verstand arbeitet auf Hochtouren. Klares, fokussiertes Denken und eine Top Performance können in Folge davon abgerufen werden.

In Entspannungsphasen dagegen werden unter anderem die

Verdauungsorgane, die Haut und Blase aktiv – also alle Organe, die im „Fight"-Modus keine wichtige Funktion haben. Dazu stellt sich ein Gefühl von innerer Ruhe, Zentrierung und Gelassenheit ein. Entspannungs- und Anspannungsphasen werden beide im Wechsel zueinander benötigt. Ersteres war für den Urmenschen die Erholung in seiner Höhle, nachdem er den Angriff des Tigers überlebt hatte. Diese Höhle, also einen festgelegten Raum für Entspannung, haben heute nur noch wenige Menschen, da sie aufgrund von neuer digitaler Technologien, Schnelligkeit, Ungewissheit und sozialem Druck durchgehend Aktivitäten ausgesetzt sind, anstatt sich aktiv zu entspannen.

Der richtige Umgang mit Stress lässt sich lernen
Wichtig zu wissen ist, dass jeder Mensch Stress individuell wahrnimmt. Für manche ist die U-Bahn-Fahrt zur Arbeit sehr stressig, für andere die Sorge, was Mitmenschen über sie denken könnten, und für einige ist es die Präsentation vor den Kollegen. Das Bewusstsein darüber, was einen selbst stresst und wie man damit umgeht, ist dabei essenziell.

Der Ursprung von Erschöpfung und Stress liegt oft in einem übermäßigen Anspruch an sich selbst und der Wichtigkeit, die der Außenwirkung zugeschrieben wird, so wie in Carolins Fall. Perfektionismus und übertriebene Disziplin werden vom Verstand getrieben. Die körpereigenen Bedürfnisse und auch Emotionen werden dabei gedanklich außen vor gelassen und als „nichtig" empfunden. Häufig werden dadurch eine Gefühlskälte erlebt und die Empathie gehemmt.

Kennen Sie Situationen, in denen Ihnen Ihr Körper signalisiert hat, eine Pause einzulegen, und Sie haben es ignoriert? Dann können Sie hier die Macht des Verstandes erkennen.

Zurück zu Carolins Beispiel. Bei der Beobachtung ihrer Gedanken („Ich muss 150 Prozent geben, sonst bekomme ich keine Anerkennung" sowie „Ich darf keine Pause machen, ich muss es euch beweisen") fragt sie der Coach nun, wie sie sich dabei fühlt, wenn diese Gedanken hochkommen.

Coachingtipp:

- Setzen Sie sich aufrecht auf den Stuhl. Schließen Sie die Augen. Atmen Sie dreimal tief ein und aus. Stellen Sie sich nochmals die Situation vom Anfang vor.
- Wie geht es Ihnen dabei? Beschreiben Sie, was Sie fühlen. Wo können Sie die Gefühle spüren?
- Nun finden Sie die Stelle, an der Sie den Druck am meisten spüren. Wie fühlt sich die Stelle an?
- Was würde passieren, wenn Sie sich eine Pause gönnen? Könnte der innere Antreiber auch mal eine Pause gebrauchen? Wie würde sich das anfühlen?
- Wie würde es sich anfühlen, wenn die Verantwortung von Ihren Schultern genommen würde?
- Wie würde es sich anfühlen, wenn Sie sich selbst die Erlaubnis geben, durchatmen zu dürfen, auch wenn Sie diese Zeit für die Erfüllung Ihrer Aufgaben nutzen könnten?

Carolin bemerkt, dass sie sich wegen des eigenen Drucks innerlich getrieben und gestresst fühlt. „Das spüre ich im Magen, er zieht sich richtig zusammen." Sie gibt sich selbst gar keinen Raum mehr zum Atmen, sondern rennt von Aufgabe zu Aufgabe. „Ich muss immer beschäftigt sein." Mit dem Wissen, was Stress mit ihr macht, versteht sie, dass auch ihr unruhiger Schlaf sowie potenziell ihre Erkältungen auf den durchgehenden Anspannungsmodus zurückzuführen sind.

Sie spürt im Brustkorb außerdem Bedauern darüber, dass ihr die Anerkennung so wichtig ist und sie sich diese nicht selbst geben kann. „Das Gefühl, mir eine Pause zu gönnen, ist schön. Es fühlt sich leichter an – genauso, wenn die Verantwortung von den Schultern genommen wird." Sie fragt sich, ob sie die weitere Beförderung glücklich machen würde oder ob sie diese eher anstrebt, um sich selbst zu beweisen, dass sie es schaffen kann. „Danach käme ja dann nur wieder die nächste Beförderung. An sich bin ich ja eigentlich mit meiner Rolle zufrieden. Noch mehr Menschen zu führen, könnte ziemlich anstrengend sein. Aber es fühlt sich nicht ausreichend an."

Prägungen aus der Kindheit

Carolin erzählt, sie habe ihrem Vater beweisen wollen, dass sie es wirklich zu etwas bringen kann. Ihre Mutter blieb für die Kinder zu Hause und war später in Teilzeit angestellt, was damals die klassische Rollenverteilung in der Gesellschaft widerspiegelte. Ihr Vater ist Ingenieur in einem Konzern, ihr Bruder hat denselben Beruf gewählt und eifert seinem Vater nach. Carolin entschied sich für BWL. Ihr eigentlicher Wunsch war, dieselbe Anerkennung des Vaters zu erhalten wie ihr Bruder. Ruhephasen und Pausen wollte sie sich damals schon nicht gönnen. Sie wurde als Kind viel gefördert. Trotzdem meint sie: „Ich konnte die Enttäuschung in seinen Augen sehen, wenn ich mal nicht gut war. Das hat sich angefühlt wie ein Zeichen von Schwäche, auch wenn er es vielleicht gar nicht so gemeint hat."

Diese Erfahrung und das damit verbundene Gefühl sind im Unterbewusstsein tief verankert. Jeder von uns hat Erfahrungen in dieser oder anderer Form gemacht. Das Bewusstsein darüber hilft, ist aber nicht unbedingt nötig, um sich selbst wieder besser führen und fühlen zu können.

Carolin wird nun zum ersten Mal bewusst, dass niemand für ihre inneren Gefühle verantwortlich ist außer sie selbst. Denn sie befindet sich im Hier und Jetzt und kann sich nur besser fühlen, wenn sie an sich arbeitet. Sie erkennt, dass sie ihre eigenen Bedürfnisse anerkennen darf und vor allem Eigenverantwortung für sie übernehmen muss.

Emotionen erkennen ist die Basis für ein zufriedenes Leben

Carolin denkt unterbewusst, dass Schwäche zulassen und auf sich selbst achtgeben negative Attribute sind. Gerade Männer sind historisch gesehen stärker davon betroffen, aber auch Frauen haben in einer von Männern dominierten Arbeitswelt ähnliche innere Konflikte. Die Einstellung, dass Emotionen nichts am Arbeitsplatz zu suchen haben, befindet sich aber gerade glücklicherweise in einer Transformation. Empathie und Mitgefühl werden anerkannt und immer mehr trainiert, da sie zu einem zufriedenen und motivierten Umfeld beitragen. Dies kann man lernen, indem man zum Beispiel bei einem emotionalen Impuls, anstatt gegenzusteuern, der Wut oder Trauer Raum gibt. Die Emotion zu spüren, ist essenziell, um sich davon zu befreien, anstatt die Gefühle aufstauen zu lassen. Wichtig ist jedoch, dass bei einem langanhaltenden Trauerzustand gegengesteuert werden sollte.

Tipp: Üben Sie sich diese Woche im Erkennen, wann Sie sich wie fühlen. Macht Sie etwas traurig oder wütend? Ein Regentag etwa oder die Verhaltensweise eines Kollegen?

Eigene Emotionen und Bedürfnisse zu erkennen, verstehen und beeinflussen, ist essenziell für das Wohlbefinden und die Psyche. Dies hilft, (Selbst-)Fürsorge und Selbstmitgefühl aufzubauen, und ist außerdem die Basis von emotionaler Intelligenz, die in der Interaktion in der Arbeitswelt, vor allem bei Führungskräften mit ihren Mitarbeitern, aber auch innerhalb der Kollegen, eine bedeutende Rolle spielt (nach John D. Mayer und Peter Salovey).

Warum ist emotionale Intelligenz so wichtig?

Wie anfangs schon beschrieben, besteht der erste Schritt darin, die Gedankengänge bewusster wahrzunehmen. Darauf folgt die emotionale Wahrnehmung, denn die grundlegenden Bedürfnisse eines jeden Menschen sind Bindung, Zugehörigkeit, Gesundheit und Anerkennung, welche ihren Ausdruck in den Emotionen finden. Wenn man zufrieden, glücklich und in Folge dann im Flow, das heißt in einem konzentrierten, kreativen Zustand, arbeitet oder sich mit Kollegen wertschätzend austauscht, fühlt man sich besonnen, zuversichtlich und motiviert.

Tipp: Stellen Sie sich diesen Zustand einmal vor. In welcher Situation haben Sie diesen?

Dieser Zustand von positivem Stress, auch Eustress genannt, kann den Körper zu Hochform auflaufen lassen. Stress wird als Stärke und Kraft wahrgenommen anstatt als Last.

Das bewusste Wahrnehmen, wie man sich gerade selbst fühlt, trägt dazu bei, zu erkennen, was gerade persönlich gut tut und was nicht. Es wird klarer, was der Körper signalisiert, wann Pausen eingelegt werden sollten und wann man wieder produktiv ist.

Spüren funktioniert nur, wenn der Verstand Pause machen darf

Das Hineinspüren funktioniert nur, wenn es möglich ist, Leere und Stille zuzulassen. Oft entsteht in diesem Kontext Angst vor negativen Emotionen, so dass lieber gar nicht „gespürt" wird. Erlauben Sie sich, das Spektrum der Emotionen zu spüren, anstatt diese wegzuschieben.

Carolin erkennt, dass sich eine Leichtigkeit einstellt, wenn sie in sich hineinspürt und sich vorstellt, wie sich der Druck, der sich aufgrund der Vielzahl an Projekten aufgebaut hat, auflöst. Es gibt einige Arten von Übungen, um Stress abzubauen und die inneren emotionalen oder physischen Bedürfnisse zu erkennen. Eine Methode ist der Body Scan. Mit geschlossenen Augen im Sitzen oder Liegen wird der Fokus auf einzelne Körperregionen geleitet. Die Übung hilft zu entspannen und Achtsamkeit für die Bedürfnisse des Körpers und des eigenen Wohlbefindens aufzubauen. Dazu stärkt die Übung die Aufmerksamkeit. Einen Link zu einer kostenlosen Audio Anleitung dieser Übung finden Sie am Ende des Artikels.

Stille ersetzt das Hamsterrad

Eine weitere hilfreiche Methode zur Übung ist Meditation, wie eine 2018 erschienene Studie des Max-Planck-Instituts belegt: Gefühlter Stress und hormoneller Stress, der sich durch die Ausschüttung von Cortisol bemerkbar macht, lassen sich mit Techniken der Meditation bis zu 51 Prozent senken – je nach Technik verschieden stark ausgeprägt. Insbesondere auf soziale Fähigkeiten fokussierte Trainingsmodule zeigen demnach eine deutliche Senkung der Cortisol-Konzentration.

Was bedeutet dies im Hinblick auf eigene Emotionen und Führung eines Teams?

In den Übungen der Studie wurde neben Selbstreflektion, Body Scan und Perspektivwechsel, das heißt die Perspektive anderer Personen oder die Situation aus der Sicht von inneren Stimmen zu reflektieren, empathische, einfühlsame Kommunikation mit Partnern geübt. Dabei wird nicht nur auf rein sachlicher Ebene kommuniziert, sondern hochkonzentriert auch auf emotionaler Ebene, man darf also sagen, wie man sich in einer Situation fühlt. Empathie, Mitgefühl und ein Gefühl von Zugehörigkeit werden dabei gefördert. Dies zeigten die gemessenen Bereiche im Gehirn.

Vielleicht wenden Sie nun ein: „Ich kann doch nicht einfach sagen, wie ich mich fühle! Emotionen haben nichts am Arbeitsplatz zu suchen."

Es ist sicherlich anfangs befremdlich, dass man vor Kollegen erzählen soll, wie es einem geht. Jedoch stellen Sie sich einmal vor, Ihr Mitarbeiter würde zu Ihnen kommen und erklären: „Ich habe gerade diese Aufgabe vor mir. Ich bin sehr motiviert, sie zu meistern, habe aber die Sorge, dass ich es nicht alleine schaffe, weil mir eine weitere Ressource oder Unterstützung fehlt. Dies stresst mich ungemein und ich fühle mich überwältigt. Können wir eine Lösung finden?"

Wie würden Sie als Führungskraft reagieren? Ist es hier möglich, abwertend und mit Druck auf den Mitarbeiter zu reagieren, oder kann hier Mitgefühl entstehen?

- Stimmen Sie Letzterem zu? Toll! Praktizieren Sie das Erkennen Ihrer eigenen Emotionen weiter, um sich selbst besser zu verstehen und sich dadurch besser in Ihre Mitmenschen versetzen zu können. Gehen Sie als Beispiel voran. Trainieren Sie empathisches Kommunizieren, indem Sie selbst ausdrücken, wie Sie sich fühlen.

- Wenn Ihre Antwort Ersteres ist, dürfen Sie sich gerne einmal fragen, welche Ansprüche Sie an sich selbst haben. Würden Sie sich trauen zu sagen, wie es Ihnen geht? Vielleicht geht es Ihrem Team genauso. Dies ist der erste

Schritt, um das eigene Wohlbefinden aufzubauen und Einfühlungsvermögen zu trainieren.

Neben dem dadurch entstehenden persönlichen Sicherheitsgefühl und Vertrauen sowie empathischem Zuhören dank verbesserter Kommunikation beschreibt Coleen Stanley, Autor von „Emotional Intelligence for Sales", dass dies auch Erfolgsfaktoren für Vertriebsprozesse im B2B-Bereich sind. Das bedeutet, die persönlichen Prozesse haben einen besonders positiven Einfluss auf den Erfolg des Unternehmens. Doch alle Theorie hilft viel, wie aber sieht die Praxis aus?

Bewusstes Handeln ist der Schlüssel zur Zufriedenheit

Übung macht den Meister
Ein altes Sprichwort, das so wahr ist. Wie in den vorherigen Punkten gelernt, sind Gedanken die Worte, die wir uns selbst sagen. Sie lösen Gefühle aus, und diese Gefühle bringen uns zum Handeln oder Reagieren.

Carolin zum Beispiel setzt sich mit ihren Gedanken „Nur wenn ich 150 Prozent gebe, werde ich anerkannt" oder „Ich muss es allen beweisen" innerlich einem derartig großen Druck aus, dass sie sich sehr getrieben fühlt. Dadurch arbeitet sie stundenlang, ohne sich eine Pause zu gönnen. Das ist ihr Handeln.

Wenn man sich nochmals vor Augen führt, dass 80 Prozent aller Gedanken dieselben sind wie am Tag davor, wird offensichtlich, dass auch Gedanken zur Routine werden können. Somit können wir heute schon voraussagen, wie unser Leben aussieht, wenn wir jeden Tag genau dasselbe tun und fühlen. So wie Sie zum Beispiel gelernt haben, am Steuer des Autos zu sitzen und nicht aktiv darüber nachzudenken, wie nun die Schaltung funktioniert, so laufen auch Prozesse und Gedanken unterbewusst ab, wie beispielsweise „Das werde ich nie schaffen" oder „Ich glaube nicht an mich selbst". Kommen Sie ins Handeln und sind erfolgreich, wenn Sie dies täglich von sich denken?

Ein anderes Beispiel: Haben Sie schon öfter den Versuch gewagt, mehr Sport zu treiben? Die innere Debatte zwischen Disziplin und Bequemlichkeit kennt jeder: Gehe ich oder gehe ich nicht. Es fühlt sich wie ein enormer Kraftakt an, sich auf den Weg zu machen, sich umzuziehen und dann an die Geräte oder in den Fitnesskurs zu gehen. Doch meistens ist es gar nicht mehr so schwer, wenn der erste Schritt getan ist. Am besten ist es hier, gar nicht viel nachzudenken, sondern dem Körper zu folgen. Denn kennen Sie das zufriedene Gefühl danach? An irgendeinem Punkt fühlt sich alles leichter an. Das verschwitzte Gefühl von Entspannung und Stolz, dass man sich überwunden hat, überwiegen schließlich und die Überwindung der eigenen Lustlosigkeit hat sich gelohnt.

Nur wie kann man am Ball bleiben, handeln und mit eigener Fürsorge agieren?

Sie haben gelernt, dass Gedanken und Gefühle Ihr Handeln auslösen. Wenn Sie wissen, wie Sie sich fühlen möchten, dann können Sie Ihr Leben und das von vielen anderen zum Positiven bewegen.

Coachingtipp: Erkennen Sie Ihre Ressourcen!

* Fragen Sie sich: Welche Art von Sport und Tätigkeit gibt Ihnen Kraft und Freude? Was tun Sie gerne?
* Woran lag es in der Vergangenheit, dass Sie dies nicht getan haben? Identifizieren Sie Gedanken und Gefühle
* Wann können Sie die Vorsätze in Ihren Wochenablauf integrieren?

Carolin würde zum Beispiel gerne öfter ins Yoga gehen, da sie weiß, wie gut es ihr danach geht. Anspannung und Entspannung im Einklang mit dem Atem sind ihre Art, abzuschalten und sich trotzdem zu bewegen. Ihre Nackenverspannungen sind danach meist auch besser. Joggen tut ihr ebenfalls gut. Sie möchte dies wieder in der Mittagspause machen, anstatt am Laptop ein Brot zu essen. Meistens hat sie danach viel mehr Energie.

Weiterhin würde sie gerne mit Meditation starten und dranbleiben. Sie hat sich immer mal wieder morgens mit einer App hingesetzt und versucht, in fünf Minuten einen „Ruhezustand" zu erreichen. Die To-do-Listen aber sind weiterhin in ihrem Kopf hin und her geschwirrt. Sie dachte, das Ziel sollte sein, nichts mehr zu denken, was ihr sehr schwer fiel. Warum ihr das guttun sollte, war ihr aber nicht klar.

Der Coach erklärt ihr: Meditation wird aufgrund der wissenschaftlichen Basis für verschiedene Aspekte im Leben empfohlen. Ergebnisse aus der Studie des Max-Planck-Insituts zeigen: Zum einen kann die Aufmerksamkeit mit Meditationsmethoden wie dem Fokus auf das Atmen oder Körperscannen geschult werden, zum anderen verbessert sich die Fähigkeit zur Perspektivübernahme, Mitgefühl gegenüber der eigenen Gefühlslage und fokussiertes Zuhören werden gefördert. Denn ein kurzes und gezieltes tägliches mentales Training kann selbst bei erwachsenen Menschen noch strukturelle Veränderungen im Gehirn bewirken, was wiederum die soziale Intelligenz steigert.

Neben Meditation gibt es natürlich einige andere Übungen, die helfen. Wichtig ist dabei zu verstehen, dass gute Routinen geübt und am Anfang mit Disziplin etabliert werden möchten. Die Übungen, Meditationen, Sport oder Tätigkeiten, die Ihnen Kraft schenken, sollten zu Ihnen passen. Folgen Sie nicht unbedingt jedem Ratgeber. Die meisten Menschen scheitern daran, mit aller Macht an einem Rat festzuhalten. Dabei gehen die eigene Gelassenheit und das Gefühl verloren, was einem selbst wirklich am besten tut (und nein, das ist nicht, auf dem Sofa vor dem Fernseher Chips zu essen – obwohl das auch mal sein darf).

Die besten elf Tipps, um Ihre Routine erfolgreich zu etablieren:

1. Legen Sie ein Ziel fest. Wie möchten Sie sich fühlen, warum möchten Sie sich so fühlen, wozu soll es Ihnen helfen? Seien Sie so konkret oder vage, wie es sich für Sie gut anfühlt (zum Beispiel „topfit" oder „gesund"). Das „Wie" kommt, wenn Sie das „Was und Wozu" kennen.
2. Formulieren Sie Ihr Ziel kurz, positiv und in der Gegenwart, etwa: „Ich bin topfit, ich bin gelassen, ich glaube an mich".
3. Welche Aktivität, die Sie bereits gemacht haben und die

Ihnen Freude bereitet hat, könnte Ihnen dabei helfen, zu Ihrem Ziel zu gelangen? Hören Sie in sich hinein, und stellen Sie sich vor, wie es sich anfühlt, wenn Sie das Ziel erreicht haben.

4. Schreiben Sie die Aktivität in den Kalender, genauso wie alle Meetings. Neue Routinen brauchen rund 45 Tage, bis sie zur Routine werden können. Ein Credo dabei ist: Es soll Ihnen gut tun.

5. Halten Sie Ihr Ziel schriftlich fest, so dass Sie es jeden Tag sehen (zum Beispiel: „Ich bin topfit und gesund").

6. Starten Sie mit nur einer Sache. Hier einige Beispiele: Mittagspause aktiv gestalten und einmal um den Block laufen, zweimal am Tag Übungen für die Wirbelsäule machen, um Sitzverspannungen vorzubeugen, Musik hören, Atemübungen, Meditation, Fahrradfahren.

7. Erstellen Sie einen Plan für jeden Monat im Jahr, um eine neue monatliche Routine zu integrieren.

8. Tageszeit: Die Morgenroutine ist nicht für jedermann geeignet. Finden Sie heraus, wann Sie sich am besten auf die Übung oder Tätigkeit einlassen können. Abends vor dem Zubettgehen, nach der Arbeit oder morgens nach dem Aufstehen. Bleiben Sie bei dieser Tageszeit. Wie erwähnt, braucht es am Anfang etwas Disziplin. (Hinweis: Sport sollte nicht zu spät getrieben werden.)

Sollten Sie mit Meditation starten, profitieren Sie von ein paar effektiven Tipps aus meiner Erfahrung als Meditationsleiterin:

1. Nehmen Sie sich den Druck, in der Meditation die Stille der Gedanken erreichen zu müssen. Bemerken Sie, was gerade im Verstand los ist.

2. Testen Sie verschiedene Arten von Meditation, etwa das Anwenden von Apps oder Lernen in Kursen und Workshops (Atemmeditation, Visualisierungen, Body Scan, Gefühle beobachten, Sinne achtsam einsetzen beim Spazierengehen, bewusst essen, Musik hören oder beispielsweise eine Kerze beobachten). Jede Meditationsart hat

einen anderen Fokus. Primär geht es zunächst darum, eine Art zu finden, die Ihnen liegt, um die Routine aufzubauen.

3. Regelmäßigkeit vor Länge: Studien zeigen, dass fünf Minuten Meditation pro Tag effektiver sind, als wöchentlich eine Stunde am Stück.
4. Ort: Suchen Sie sich einen Ort, an dem Sie die Ruhe haben, um abzuschalten. Nutzen Sie diesen Ort immer wieder.

Meditation erweist sich als eines der besten Instrumente, um sich selbst besser zu fühlen und führen zu können. Zahlreiche Studien zeigen den positiven Effekt im Gehirn bei regelmäßigem Praktizieren, vor allem nach sechs Monaten. Jede Methode hat ein etwas anderes Ziel, jedoch geht es primär darum, anzufangen.

Den Fokus auf Sinne, auf die Atmung oder Bereiche des Körpers zu legen stärkt die Aufmerksamkeit, Achtsamkeit und Konzentration. Meditationen über Dankbarkeit oder Reflektion von Gefühlen und Situationen stärken Fülle, Dankbarkeit, (Selbst-)Mitgefühl und das Gefühl von Zufriedenheit. Alle Methoden senken subjektiv den Stress.

Das „Wir-Gefühl" wird bei Übungen wie dem aktiven Zuhören gestärkt. Empathie für sich selbst und andere senkt zudem sozialen Stress.

Fangen Sie mit der obigen Übung eigenverantwortlich an – denn eines sollte nach diesem Abschnitt klar werden: **Nur Sie haben die Zügel in der Hand, Ihr Leben positiv zu gestalten.**

Carolin trifft ihren Coach nach mehreren Sitzungen und einer Pause nach sechs Monaten wieder. Sie berichtet, dass sie im Rahmen der Möglichkeiten an sich gearbeitet hat und mit sich selbst einen schriftlichen Vertrag geschlossen hat. Sie stellt sich jeden Tag vor, wie sie sich am liebsten fühlen möchte, und fühlt sich morgens direkt in diesen Zustand hinein. Das hilft ihr sehr, Zuversicht zu haben, dass es ihr bald besser geht und sie ihre eigenen Ziele erreichen kann. Sie meldete sich für zwei

Yogastunden fix in der Woche an, um sich selbst zu verpflichten. Es gab nun keine Ausreden mehr. Dann, berichtet sie, half ihr das neue Bewusstsein darüber, dass sie sich selbst ständig über ihre Grenzen hinaus belastet hat und sie nun die Prioritäten für ihre Balance selbst setzt. Sie meditiert nun jeden Tag fünf bis zehn Minuten, bevor sie ins Bett geht, und gestaltet ihre Mittagspause so, dass sie abschalten kann, läuft einmal um den Block oder bewegt sich etwas am Sitzplatz.

Mit ihrem Team versucht sie nun Schritt für Schritt Übungen zur Fokussierung und zum verbesserten Zuhören zu machen, damit die Kommunikation generell optimiert wird. Sie erzählt, dass sie verstehen kann, wie es ihren Mitarbeitern geht, und dass es ihr wichtig ist, dass offener, empathischer Austausch nun mehr gefördert wird. Bei Gelegenheit machen sie gemeinsam Übungen zu zweit (auch im Führungsteam), in denen konzentriert zugehört und aktiv von persönlichen Erfahrungen und Gefühlen erzählt wird. „Es ist überraschend, zu bemerken, dass die Übungspartner alle ähnliche Sorgen und Verhaltensweisen haben. Da fühle ich oft mit und merke dann, dass wir doch viel besser miteinander umgehen könnten. Das nimmt den Druck enorm raus."

Carolin meint, dass sie sich nun wieder Zeit nehmen kann, um kreativ ihre Projektideen auszuarbeiten, weil sie effektiver arbeitet und schneller Entscheidungen trifft.

Die Balance, die sie dank Auszeiten mit Yoga und einer gesunden Routine gewonnen hat, sowie die innere Gelassenheit helfen ihr, die Zeichen ihres Körpers wieder besser zu erkennen und nicht mehr über ihre Grenzen hinaus zu funktionieren. Dadurch hat sich auch ihr Privatleben zum Positiven gewendet. Carolin fühlt sich unternehmenslustig, ist dankbar für alles, was sie erreicht hat und besitzt.

Mit diesem Wissen startet sie nun zuversichtlich und voller Kraft in ein Leben, welches sie von innen erfüllt.

„Das Leben eines Menschen ist, was seine Gedanken daraus machen." - Marc Aurel

Kostenlose Audioübung Body Scan von Pia Baur:
www.piabaur.de/bodyscan

Quellenangaben:
https://www.baua.de/DE/Themen/Arbeitswelt-und-Arbeitsschutz-im-Wandel/Arbeitsweltberichterstattung/Arbeitswelt-im-Wandel/Downloads/2018/Arbeitswelt-2018-27-d.jpg?__blob=publicationFile&v=2
https://www.deutschesgesundheitsportal.de/2019/03/04/stresshormon-cortisol-schadet-dem-gehirn/
https://www.resource-project.org/
https://business.linkedin.com/sales-solutions/blog/sales-reps/2017/05/
why-emotional-intelligence-is-the-sales-prospecting-secret-weapo

Zeitfracht Medien GmbH
Ferdinand-Jühlke-Straße 7
99095 Erfurt, Deutschland
produktsicherheit@kolibri360.de